新完全マスター聴解
日本語能力試験 N3
ベトナム語版

中村かおり・福島佐知・友松悦子 著

スリーエーネットワーク

©2015 by Nakamura Kaori, Fukushima Sachi, and Tomomatsu Etsuko

All rights reserved. No part of this publication may be reproduced, stored in a retrieval system or transmitted in any form or by any means, electronic, mechanical, photocopying, recording, or otherwise, without the prior written permission of the Publisher.

Published by 3A Corporation.
Trusty Kojimachi Bldg., 2F, 4, Kojimachi 3-Chome, Chiyoda-ku, Tokyo 102-0083, Japan

ISBN978-4-88319-710-1 C0081

First published 2015
Printed in Japan

はじめに

　日本語能力試験は、1984年に始まった、日本語を母語としない人の日本語能力を測定し認定する試験です。受験者が年々増加し、現在では世界でも大規模の外国語の試験の一つとなっています。試験開始から20年以上経過する間に、学習者が多様化し、日本語学習の目的も変化してきました。そのため、2010年に新しい「日本語能力試験」として内容が大きく変わりました。新しい試験では知識だけでなく、実際に運用できる日本語能力が問われます。本書はこの試験のN3レベルの問題集として作成されたものです。

　まず、「問題紹介」で、問題の形式とその解法を概観します。次に「実力養成編」で、問題形式別に、必要なスキルを身につけるための学習をします。最後に「模擬試験」で、実際の試験と同じ形式の問題を解いてみることによって、どのくらい力がついたかを確認します。

■本書の特徴
　①問題形式に合わせて、それぞれに必要なスキルを学ぶことができる。
　②各スキルを段階を踏んで学習することにより、無理なく聴解の力を身につけられる。
　③易しい日本語で書いてあり、翻訳もついているので、自習に使うことができる。
　④初級から中級レベルの学習者がつまずきやすい点に焦点を当てているため、初級から中級への橋渡し教材および復習教材としても活用できる。

　私たちはこれまで聴解の学習方法がわからないという学習者に大勢出会い、どうすれば学習者に聴解の力がつけられるかを考え続けてきました。そこで、「どのように聞くか」というスキルを、日本語能力試験の形式別に一つずつ身につけられるようにまとめたのが本書です。本書が日本語能力試験の受験に役立つと同時に、日本語を使って学習・生活・仕事をする際にも役立つことを願っています。

2012年5月　著者

目次　MỤC LỤC

はじめに
本書をお使いになる方へ viii
Đôi lời gửi tới quý độc giả xi

問題紹介　Giới thiệu các dạng câu hỏi

1　課題理解　Hiểu yêu cầu của câu hỏi 2
2　ポイント理解　Hiểu yêu cầu chính 4
3　概要理解　Hiểu khái quát vấn đề 6
4　発話表現　Cách diễn đạt lời nói 8
5　即時応答　Phản xạ nhanh 10

実力養成編　Phát triển kỹ năng

I　音声の特徴に慣れる　Làm quen với các đặc điểm ngữ âm

1　似ている音の聞き分け　Phân biệt các âm giống nhau 14
　1-A　間違えやすい音　Các âm dễ nhầm 14
　1-B　アクセントやイントネーション　Trọng âm và ngữ điệu 15
　1-C　似ている数字　Những số có cách đọc gần giống nhau 16
2　音の変化　Các dạng biến âm và lược âm 17
3　音の高さや長さに注意する　Chú ý tới cao độ và trường độ của âm 19

II　「発話表現」のスキルを学ぶ　Rèn kỹ năng diễn đạt lời nói

問題形式と内容　Nội dung và hình thức câu hỏi bài thi 21
1　状況説明文を聞き分ける　Nghe phân biệt câu giải thích tình huống 22
2　許可や依頼の発話を聞き分ける 23
　　Nghe phân biệt câu cho phép và câu nhờ vả

2—A　許可や依頼の表現　Cách diễn đạt cho phép và nhờ vả 23
　　　2—B　注意するべき動詞　Những động từ cần chú ý 25
　　3　問題を知らせる・助けを申し出る表現に注意する 27
　　　　Chú ý cách diễn đạt khi thông báo vấn đề, đưa ra đề nghị giúp đỡ
　　4　あいさつ表現に注意する　Chú ý tới cách diễn đạt khi chào hỏi 28
　　確認問題　Bài tập ứng dụng 29

III　「即時応答」のスキルを学ぶ　Rèn kỹ năng phản xạ nhanh
　　問題形式と内容　Nội dung và hình thức câu hỏi bài thi 30
　　1　だれの動作かに注意する　Chú ý xem đó là hành động của ai 31
　　　1—A　敬語　Kính ngữ 31
　　　1—B　間違えやすい表現　Những cách diễn đạt dễ nhầm lẫn 33
　　2　会話でよく使われる表現に注意する 34
　　　　Chú ý các cách diễn đạt thường được dùng trong hội thoại
　　　2—A　会話でよく使われる表現 34
　　　　　　Các cách diễn đạt thường được dùng trong hội thoại
　　　2—B　決まった答え方　Các cách trả lời cố định 35
　　3　間接的な答え方に注意する　Chú ý cách trả lời gián tiếp 36
　　確認問題　Bài tập ứng dụng 37

IV 「課題理解」のスキルを学ぶ　　Rèn kỹ năng hiểu yêu cầu câu hỏi

問題形式と内容　Nội dung và hình thức câu hỏi bài thi 38
1　するべきことを考える　Suy nghĩ việc cần phải làm 39
2　最初にすることを考える　Suy nghĩ xem việc nào sẽ được làm trước 47
確認問題　Bài tập ứng dụng 50

V 「ポイント理解」のスキルを学ぶ　　Rèn kỹ năng nắm bắt các điểm chính

問題形式と内容　Nội dung và hình thức câu hỏi bài thi 51
1　選択肢と同じ言葉に注意して聞く 52
　　Chú ý nghe các từ giống với phương án trả lời
2　答える文で言いたいこと（肯定的か否定的か）を考える 55
　　Suy nghĩ về điều muốn nói ở câu trả lời (khẳng định hay phủ định)
3　追加情報に注意する　Chú ý tới các thông tin bổ sung 60
確認問題　Bài tập ứng dụng 63

VI 「概要理解」のスキルを学ぶ　Rèn kỹ năng hiểu khái quát vấn đề

問題形式と内容　Nội dung và hình thức câu hỏi bài thi 64

1　話題をつかみ、全体として言いたいことを考える 65
　　　Nắm bắt vấn đề và suy nghĩ về ý chung mà người nói muốn đề cập

2　前置きの表現を手がかりにして意図を考える 69
　　　Suy nghĩ về ý đồ của người nói căn cứ vào câu diễn đạt trước

3　話のパターンを手がかりにして意見・主張を聞き取る 72
　　　Căn cứ vào dạng câu chuyện để nghe ý kiến, chủ trương của người nói

確認問題　Bài tập ứng dụng 75

模擬試験　Đề thi mẫu 78

別冊　解答とスクリプト

Phần phụ lục: Đáp án và lời thoại băng ghi âm

本書をお使いになる方へ

■本書の目的
この本の目的は二つです。
① 日本語能力試験N3の試験に合格できるようにします。
② 試験対策だけでなく、全般的な「聴解」の勉強ができます。

■日本語能力試験N3聴解問題とは
日本語能力試験N3は、「言語知識(文字・語彙)」(試験時間30分)「言語知識(文法)・読解」(試験時間70分)と「聴解」(試験時間40分)の三つに分かれています。
聴解の問題は5種類あります。

1　課題理解
2　ポイント理解
3　概要理解
4　発話表現
5　即時応答

■本書の構成
この本は、以下のような構成です。

問題紹介
実力養成編　　I　音声の特徴に慣れる
　　　　　　　　II　「発話表現」のスキルを学ぶ
　　　　　　　　III　「即時応答」のスキルを学ぶ
　　　　　　　　IV　「課題理解」のスキルを学ぶ
　　　　　　　　V　「ポイント理解」のスキルを学ぶ
　　　　　　　　VI　「概要理解」のスキルを学ぶ
模擬試験

詳しい説明をします。
　問題紹介　　問題の形式と解き方を知り、この本で学習することを整理します。
　実力養成編　I　音声の特徴に慣れる
　　　　　　　　　【目標】話し言葉の特徴を理解して聞ける
　　　　　　　　　【練習】似ている音を聞き分ける、変化した音を聞き取る

II 「発話表現」のスキルを学ぶ
【目標】場面や状況に合う発話がすぐに判断できる
【練習】許可や依頼の発話を聞き分ける、申し出などを聞き取る

III 「即時応答」のスキルを学ぶ
【目標】質問、依頼などの短い文を聞いて、それに合う答え方がすぐに判断できる
【練習】だれの動作かを聞き取る、会話表現が使われている文を聞き取る、間接的な表現の意味を理解する

IV 「課題理解」のスキルを学ぶ
【目標】これから何をするべきかがわかる
【練習】依頼などするべきことを示す言葉を聞き取る、いくつかのするべきことの中で最初にすることを聞き取る

V 「ポイント理解」のスキルを学ぶ
【目標】質問されたことにポイントを絞って聞き取れる
【練習】ポイントの部分を詳しく聞き取る、話す人の気持ち(肯定／否定)を考える

VI 「概要理解」のスキルを学ぶ
【目標】全体として言いたいことや話す人の意図がわかる
【練習】話題をつかむ、話す人の意図を考える、意見や主張を聞き取る

模擬試験 実際の試験と同じ形式の問題です。実力養成編で学習した内容がどのぐらい身についたかを確認します。

■表記
問題紹介、実力養成編では、基本的に常用漢字(1981年10月内閣告示)にあるものは漢字表記にしました。ただし、著者らの判断でひらがな表記の方がいいと思われるものは例外としてひらがな表記にしてあります。模擬試験の問題では、旧日本語能力試験2級以上の漢字を目安に、ひらがな表記にしました。本文、別冊ともに漢字にはすべてふりがなをつけました。

■学習時間
50分授業で、「スキルの解説から練習の問題まで」を、だいたい二つ学習できます。ただし、学習者のレベルに応じて、丁寧にゆっくり進むかスピードアップするかによって、時間数を調整することはできるでしょう。個人で学習する場合は、自分の学習スタイルに合わせて時間数を調整してください。

【学習の進め方の例】
①解説を読む：学習するスキルを確認する。注意する表現がある場合は意味を確認する。
②例題を解いて、答えと解説を確認する：例題の解説を読んで、スキルを確認する。
③練習問題を解く：スキルを意識して解く。必要な場合は2～3回聞く。
④答えとスクリプトを確認する：内容を確認し、必要があればもう一度聞く。
⑤確認問題を解く：その章で練習したスキルが身についているかを確認する。

■CDについて

CDの時間が限られているので、選択肢を読む時間や答えを考える時間が、実際の試験よりも短いところがあります。考える時間が必要なときは、CDを止めて使ってください。

ĐÔI LỜI GỬI TỚI QUÝ ĐỘC GIẢ

■ Mục đích của cuốn sách

Cuốn sách này được soạn với hai mục đích như sau:
1. Giúp người học có thể thi đỗ Kỳ thi Năng lực tiếng Nhật cấp độ N3.
2. Không chỉ đáp ứng riêng cho Kỳ thi Năng lực tiếng Nhật, cuốn sách còn trang bị cho người học kỹ năng nghe hiểu nói chung.

■ Môn thi Nghe hiểu của Kỳ thi Năng lực tiếng Nhật cấp độ N3

Đề thi Năng lực tiếng Nhật cấp độ N3 được chia làm 3 phần:
- Kiến thức ngôn ngữ: chữ viết, từ vựng (thời gian thi 30 phút);
- Kiến thức ngôn ngữ: ngữ pháp/ Đọc hiểu (thời gian thi 70 phút);
- Nghe hiểu (thời gian thi 40 phút).

Phần thi nghe hiểu có 5 dạng câu hỏi:
1. Hiểu yêu cầu của câu hỏi;
2. Hiểu yêu cầu chính;
3. Hiểu khái quát vấn đề;
4. Cách diễn đạt lời nói;
5. Phản xạ nhanh.

■ Kết cấu của cuốn sách

Cuốn sách này có kết cấu như sau:
Giới thiệu các dạng câu hỏi bài thi
Phát triển kỹ năng   I   Làm quen với các đặc điểm ngữ âm
                      II   Rèn kỹ năng diễn đạt lời nói
                      III   Rèn kỹ năng phản xạ nhanh
                      IV   Rèn kỹ năng hiểu yêu cầu câu hỏi
                      V   Rèn kỹ năng nắm bắt các điểm chính
                      VI   Rèn kỹ năng hiểu khái quát vấn đề
Đề thi mẫu

Chúng tôi xin được giải thích chi tiết.

		Giới thiệu các dạng câu hỏi bài thi		Giới thiệu về hình thức câu hỏi bài thi và làm bài. Trên cơ sở đó, có cách học cuốn sách này một cách hiệu quả nhất.
Phát triển kỹ năng	I	Làm quen với các đặc điểm ngữ âm		
		Mục tiêu:		Có thể nghe hiểu được đặc trưng của ngôn ngữ nói.
		Luyện tập:		Phân biệt các âm giống nhau, các âm đã bị biến âm.
	II	Rèn kỹ năng diễn đạt lời nói		
		Mục tiêu:		Có thể phán đoán ngay những lời nói phù hợp với ngữ cảnh và tình huống.
		Luyện tập:		Phân biệt được câu cho phép và câu nhờ vả, nghe được các câu đề xuất ý kiến, v.v…
	III	Rèn kỹ năng phản xạ nhanh		
		Mục tiêu:		Có thể phán đoán được nhanh cách trả lời phù hợp nhất khi nghe những câu ngắn có nội dung hỏi han, nhờ vả, v.v…
		Luyện tập:		Nghe được đó là động tác của ai, nghe hiểu các cách diễn đạt được sử dụng trong hội thoại, hiểu được ý của cách nói gián tiếp.
	IV	Rèn kỹ năng hiểu yêu cầu câu hỏi		
		Mục tiêu:		Hiểu được sau đó cần phải làm gì.
		Luyện tập:		Nghe được các từ cần phải làm trong câu nhờ vả, v.v…; biết được việc cần phải làm trước tiên trong các công việc cần phải làm.
	V	Rèn kỹ năng nắm bắt các điểm chính		
		Mục tiêu:		Nghe tóm được yêu cầu chính được hỏi.
		Luyện tập:		Nghe được chi tiết các phần chính; suy nghĩ về tâm trạng (khẳng định hay phủ định) của người nói.
	VI	Rèn kỹ năng hiểu khái quát vấn đề		
		Mục tiêu:		Hiểu được ý chung hay ý đồ mà người nói muốn nói.
		Luyện tập:		Nắm bắt chủ đề; suy nghĩ ý đồ của người nói; nghe được ý kiến và chủ trương của người nói.
Đề thi mẫu		Đề thi có hình thức giống với kỳ thi thực tế. Qua đó người học có thể kiểm tra xem mình đã nâng cao được năng lực tiếng Nhật ở mức nào sau khi ôn luyện.		

■ Hệ thống chữ viết sử dụng trong cuốn sách

Về cơ bản, những chữ Hán được sử dụng ở phần *Giới thiệu các dạng câu hỏi bài thi, Phát triển kỹ năng* đều nằm trong danh sách *Chữ Hán thường dùng* (Công bố của Nội các tháng 10 năm 1981). Tuy nhiên, cũng có những trường hợp ngoại lệ do tác giả nhận định rằng viết bằng Hiragana sẽ tốt hơn. Ngoài ra, trong phần các câu hỏi bài thi của *Đề thi mẫu*, chúng tôi ghi cách đọc bằng Hiragana cho những chữ Hán có mốc từ trình độ 2 kyu trở lên của Kỳ thi Năng lực tiếng Nhật cũ. Chữ Hán trong cuốn sách này và cả phần phụ lục đều được ghi cách đọc bằng Hiragana.

■ Thời gian học tập

Trong một giờ học 50 phút, đại khái chúng ta có thể học được hai nội dung "từ giải thích kỹ năng cho tới bài tập luyện tập". Tuy nhiên, tùy theo trình độ của người học, chúng ta có thể điều chỉnh thời gian, tốc độ học tập nhanh hay chậm cho phù hợp. Trong trường hợp tự học, các bạn hãy tự điều chỉnh thời gian phù hợp với cách học của bản thân.

Ví dụ về cách học:

1. Đọc giải thích: Xác nhận kỹ năng sẽ học. Xác nhận nghĩa của các trường hợp diễn đạt cần chú ý.
2. Làm câu ví dụ mẫu, xác nhận lại đáp án và phần giải thích: Đọc phần giải thích ví dụ mẫu, xác nhận kỹ năng.
3. Làm các bài luyện tập: Chú ý đến kỹ năng và làm bài. Trường hợp cần thiết nghe lại khoảng hai, ba lần.
4. Xác nhận lại đáp án và kịch bản: Xác nhận lại nội dung, nếu cần có thể nghe lại một lần nữa.
5. Làm bài tập ứng dụng: Tại chương đó xác nhận xem đã đạt được kỹ năng rèn luyện hay chưa.

■ Về đĩa CD

Thời lượng của đĩa CD có hạn nên thời gian đọc các phương án trả lời và thời gian suy nghĩ câu trả lời có thể sẽ ngắn hơn so với kỳ thi thực. Khi cần thời gian suy nghĩ, hãy tạm dừng đĩa CD.

問題紹介

1 課題理解
Hiểu yêu cầu của câu hỏi

まとまりのある話から依頼や指示、提案などを聞き取り、何をするべきかを考える問題です。選択肢は問題用紙に書かれていて、絵があるものと文字だけのものがあります。実際の試験では、問題の前に練習があります。

Là dạng câu hỏi mà từ một câu chuyện hoàn chỉnh, chúng ta sẽ phải nghe hiểu các yêu cầu chỉ thị, đề xuất và suy nghĩ xem mình phải làm gì. Các phương án trả lời được viết trong tờ đề thi. Có những câu hỏi có tranh và những câu hỏi chỉ có chữ. Trong kỳ thi thực tế, trước khi làm bài có câu ví dụ luyện tập.

☆ 例題1

この問題では、まず質問を聞いてください。それから話を聞いて、問題用紙の1から4の中から、最もよいものを一つえらんでください。

1 写真を準備する
2 原稿を直す
3 発表の練習をする
4 漢字の読み方を確認する

スクリプト

日本語のクラスで女の先生が発表の準備について話しています。男の学生はまず何をしなければなりませんか。

女：先週お話ししたように、あさっての授業では発表をしてもらいますから、準備しておいてください。

男：発表の時パソコンを使ってもいいですか。写真を見せたいんですけど。

女：いいですけど、リーさんはまだ原稿ができていないでしょう？ 写真だけでは発表になりませんよ。すぐにやって、見せてください。

男：はい。書き直すのはまとめのところだけでいいですか。

女：ええ、そこがちょっとわかりにくいので、もう少し直さないと。ほかの準備は原稿が完成してからでいいです。それから、あしたはグループで発表の練習をするので、漢字の読み方も確認してきてくださいね。

男の学生はまず何をしなければなりませんか。

答え 2

質問で「まず」と言っているので、最初にすることを考えます。先生は「原稿ができていない」と言った後、「すぐにやって、見せて」と言っています。学生は「はい」と言って指示に同意し、「書き直すのはまとめのところだけでいい（か）」と確認しているので、2が答えです。

このように、指示や依頼などするべきことを示す言葉や、相手が同意しているかどうかに注意します。

Trong câu hỏi có nhắc tới từ "まず" (trước tiên) nên chúng ta sẽ suy nghĩ đến việc sẽ phải làm trước tiên. Giáo viên sau khi nói "原稿ができていない" (bản thảo chưa xong) thì nói tiếp rằng "すぐにやって、見せて" (Hãy làm ngay và đưa cho tôi xem). Học sinh tuân theo chỉ thị đó bằng câu nói "はい" (vâng) và xác nhận lại rằng "書き直すのはまとめのところだけでいい（か）" (Chỉ cần sửa lại phần tóm tắt là được, phải không ạ?) cho nên 2 là câu trả lời đúng. Cứ như vậy, chúng ta chú ý tới những từ biểu thị những việc cần phải làm trong nội dung câu chỉ thị hay nhờ vả, v.v… hoặc xem người đối thoại có đồng ý hay không.

2 ポイント理解
Hiểu yêu cầu chính

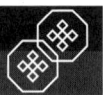

まとまりのある話から、質問されたことにポイントを絞って聞き取る問題です。出来事の理由や目的、話す人の気持ちなどについて質問されます。実際の試験では、問題の前に練習があります。

Là dạng câu hỏi mà từ một câu chuyện hoàn chỉnh, chúng ta sẽ phải nghe tóm được yêu cầu chính được hỏi. Thường nội dung được hỏi là về lí do hay mục đích của sự việc, tâm trạng cảm xúc của người nói, v.v… Trong kỳ thi thực tế, trước khi làm bài thi có câu ví dụ luyện tập.

☆ 例題2 🎧A02

この問題では、まず質問を聞いてください。そのあと、問題用紙を見てください。読む時間があります。それから話を聞いて、問題用紙の1から4の中から、最もよいものを一つえらんでください。

1 アルバイトがあるから
2 子供の世話をするから
3 友達の結婚式に行くから
4 週末は休みではないから

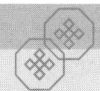

スクリプト

女の人と男の人が話しています。男の人はどうして飲み会に行けませんか。

女：渡辺君、あしたの飲み会、行く？
男：あー、行こうと思っていたんだけど……。
女：あ、アルバイトの日か。
男：それは前から休みもらってたからいいんだけど。あしたはさ、姉の子供を預かってほしいって頼まれちゃってね。友達の結婚式に行くからって。
女：お兄さんはいないの？
男：うん、いつもなら週末は休みなんだけど……。子供が1人じゃかわいそうだしね。
女：ふうん。大変そうだけど、頑張ってね。

男の人はどうして飲み会に行けませんか。

答え 2

　男の人が飲み会に行けない理由を、選択肢を手がかりに考えます。「アルバイト」は「いい（＝問題ない）」と言っているので違います。「子供」を「預かってほしいって頼まれ（た）」と言っているので、2が答えです。「友達の結婚式に行く」のは姉で、「いつもなら週末は休みなんだけど（＝今週は休みではない）」のは兄です。

　このように、話の中に出てくる選択肢と同じ言葉、または同じ意味の言葉に注意して、それについて話す人が言いたいこと（肯定的か否定的か）を考えます。

Chúng ta suy nghĩ lý do mà Nam không thể đi liên hoan căn cứ vào các phương án trả lời. "アルバイト" (làm thêm) thì "いい" (được) = "問題ない" (không có vấn đề gì) nên 1 sẽ không phải là đáp án đúng. Anh ta nói rằng "預かってほしいって頼まれた" (bị nhờ trông), "子供" (trẻ con) nên 2 mới là đáp án đúng. "友達の結婚式に行く" (người đi dự đám cưới bạn) là chị gái và người mà "いつもなら週末は休みなんだけど" (mọi khi cuối tuần thì nghỉ nhưng…) = "今週は休みではない" (tuần này không nghỉ) là anh trai.
Cứ như vậy, chúng ta chú ý tới các từ giống hoặc có nghĩa tương tự với các phương án trả lời xuất hiện trong câu chuyện và suy nghĩ điều mà người nói muốn nói (khẳng định hay phủ định) về nó.

3 概要理解
Hiểu khái quát vấn đề

まとまりのある話を聞いて、全体として言いたいことや話す人の意図を考える問題です。実際の試験では、問題の前に練習があります。

Là dạng câu hỏi mà sau khi nghe một câu chuyện hoàn chỉnh, chúng ta sẽ phải suy nghĩ ý chung muốn nói hay ý đồ của người nói. Trong kỳ thi thực tế, trước khi làm bài có câu ví dụ luyện tập.

☆ 例題3

この問題では、問題用紙に何もいんさつされていません。この問題はぜんたいとしてどんなないようかを聞く問題です。話の前に質問はありません。まず話を聞いてください。それから、質問とせんたくしを聞いて、1から4の中から、最もよいものを一つえらんでください。

| 1 | 2 | 3 | 4 |

スクリプト
テレビで女の人が話しています。
女：試験の時などに、緊張してしまって困ったことはありませんか。そんな時に役立つ、いくつかのやり方をご紹介しましょう。ある人は、緊張しているときに「お父さん、ありがとう。お母さん、ありがとう」とほかの人への感謝を心の中で言うと、落ち着けるそうです。また、体に一度ぐっと力を入れて、その後力を抜くと、落ち着けるという人もいます。一度試してみてはいかがですか。

女の人は何について話していますか。
1　人が緊張する理由
2　落ち着くための方法
3　両親への感謝の伝え方
4　力の入れ方と緊張の関係

答え 2

「ご紹介しましょう」と言って示している話題は、「緊張してしま（う）」ときに「役立つ、いくつかのやり方」なので、2が答えです。「感謝を心の中で言う」ことと「体に一度ぐっと力を入れて、その後力を抜く」ことはやり方の例です。

このように、全体として何について話しているかや、話す人の意図に注意します。

Chủ đề được nêu ra bởi câu nói "ご紹介しましょう" (Tôi xin giới thiệu) là khi "緊張してしまう" (căng thẳng) thì "役立つ、いくつかのやり方" (một vài phương pháp có tác dụng) nên 2 là đáp án đúng. Những việc như "感謝を心の中で言う" (nói lời cảm ơn trong lòng) hay "体に一度ぐっと力を入れて、その後力を抜く" (dồn lấy sức rồi thả lỏng) là các ví dụ cho cách làm đó.
Cứ như vậy, chúng ta chú ý tới việc xét về tổng thể người ta đang nói đến cái gì hay ý đồ của người nói là gì.

4 発話表現
Cách diễn đạt lời nói

絵を見ながら、その人の立場に立って、場面や状況に合う発話を考える問題です。依頼したり許可を求めたりする表現を答えます。問題の前に練習はありません。

Là dạng câu hỏi mà chúng ta phải vừa nhìn tranh vừa đứng ở lập trường của ai đó suy nghĩ về những phát biểu phù hợp với tình huống. Trả lời đối với những câu nhờ vả hay lời đề nghị cho phép. Trước bài tập không có phần luyện tập.

☆ 例題4 A 04

この問題では、えを見ながら質問を聞いてください。やじるし(→)の人は何と言いますか。1から3の中から、最もよいものを一つえらんでください。

| 1 | 2 | 3 |

— 8 — 問題紹介

スクリプト
大学で事務の人に書類の書き方を聞きます。何と言いますか。
男：1　あの、この書類の書き方、教えてもよろしいでしょうか。
　　 2　あの、この書類の書き方、教えていただきたいんですけど。
　　 3　あの、この書類の書き方、教えていただきましょうか。

答え 2

状況説明文で「事務の人に聞く」と言っているので、事務の人がやじるし（→）の人（話す人）に書き方を教えます。2は話す人が教えてほしいと頼む言い方で、状況と合います。1は話す人が許可を求める言い方、3は話す人が提案する言い方です。

このように、状況や場面を理解して、それに合う表現を選びます。だれの動作を表す表現かや、ある状況で使われる決まった表現に注意します。

Ở phần giải thích tình huống có nói là "事務の人に聞く" (hỏi người ở văn phòng) nên người nhân viên văn phòng sẽ hướng dẫn cho người có gắn dấu mũi tên (là người nói) cách viết. 2 là cách nhờ và khi người nói muốn nhờ hướng dẫn nên phù hợp với tình huống này. 1 là cách người nói đề nghị sự cho phép. 3 là cách người nói đề xuất phương án.

Cứ như vậy, chúng ta nắm ngữ cảnh cũng như tình huống để chọn cách diễn đạt phù hợp. Chú ý tới những cách diễn đạt chỉ ra đó là hành động của ai hoặc những cách diễn đạt cố định thường được sử dụng cho tình huống nào đó.

5 即時応答
Phản xạ nhanh

質問、報告、依頼、あいさつなどの短い文を聞いた後、すぐにそれに合う答え方を考える問題です。実際の試験では、問題の前に練習があります。

Là dạng câu hỏi suy nghĩ câu trả lời phù hợp ngay sau khi nghe câu văn ngắn như là câu hỏi, câu nhờ vả, báo cáo, chào hỏi, v.v… Trong kỳ thi thực tế, trước khi làm bài sẽ có câu ví dụ luyện tập.

☆ 例題5 🎧A/05

この問題では、問題用紙に何もいんさつされていません。まず文を聞いてください。それから、そのへんじを聞いて、1から3の中から、最もよいものを一つえらんでください。

(1) | 1　　2　　3 |

(2) | 1　　2　　3 |

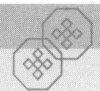

スクリプト

(1) 女：座ってもかまいませんか。
　　男：1　いえ、おかげさまで。
　　　　2　はい、失礼します。
　　　　3　ええ、おかけください。

(2) 女：今日、なんで遅れたの？
　　男：1　今日は自転車だよ。
　　　　2　電車が止まってて。
　　　　3　ポストに入れたよ。

答え (1) 3　(2) 2

(1) 話す人が座るために許可を求める表現で、3がそれに合う返事です。
(2) 「なんで」という会話表現を使って理由を聞いているので、2が最初の文に合う返事です。
　　このように、だれの動作を表す表現かや、会話で使われる表現、敬語などに注意します。

(1) Vì đây là câu diễn đạt cần cho phép người nói được ngồi nên 3 là câu trả lời phù hợp.
(2) Vì người nói đang hỏi về lý do sử dụng cách diễn đạt hội thoại "なんで" (tại sao) nên 2 là câu trả lời phù hợp.
　　Cứ như vậy, chúng ta chú ý đến những cách diễn đạt chỉ ra đó là hành động, động tác của ai động tác hay những cách diễn đạt, kính ngữ thường được sử dụng trong hội thoại, v.v…

実力養成編

I 音声の特徴に慣れる / Làm quen với các đặc điểm ngữ âm

1 似ている音の聞き分け / Phân biệt các âm giống nhau

1-A　間違えやすい音　Các âm dễ nhầm

「゛」や小さい「っ」「ゃ／ゅ／ょ」で表す音、「ん」や長音（え<u>い</u>ご／ノー<u>ト</u>）など、間違えやすい音に気をつけて聞きましょう。

　　Hãy chú ý khi nghe những âm dễ bị nhầm như: âm khi viết có âm đục (゛), âm viết bằng chữ nhỏ (っ, ゃ, ょ), âm ん hay trường âm (ví dụ: え<u>い</u>ご／ノー<u>ト</u>), v.v...

練習 1-A

聞いてください。最初の言葉と同じものはどれですか。🎧A/06

(例)　(a ・ ⓑ ・ c)

(1)　(a ・ b ・ c)

(2)　(a ・ b ・ c)

(3)　(a ・ b ・ c)

(4)　(a ・ b ・ c)

(5)　(a ・ b ・ c)

(6)　(a ・ b ・ c)

(7)　(a ・ b ・ c)

(8)　(a ・ b ・ c)

(9)　(a ・ b ・ c)

(10)　(a ・ b ・ c)

1-B　アクセントやイントネーション　Trọng âm và ngữ điệu

アクセントやイントネーションを手がかりにして聞くと、意味の違いがわかりやすくなります。

Nếu chúng ta lắng nghe trọng âm và ngữ điệu sẽ dễ hiểu sự khác nhau về ý nghĩa.

練習1-B

文を聞いてください。どちらですか。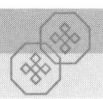

(例)　これから（ⓐ　美容院　　b　病院　）へ行きます。
(1)　すみません、（a　コーヒー　　b　コピー　）、お願いします。
(2)　（a　さっき　　b　最近　）、田中さんに会いました。
(3)　これは（a　今　　b　暇　）でないとできません。
(4)　（a　あればいい　　b　あれはいい　）と思います。
(5)　早く（a　帰った　　b　変えた　）ほうがいいですよ。
(6)　この服、（a　ちょっと　　b　ちょうど　）いいですね。
(7)　この映画は（a　もう一度見た　　b　もう一度見たい　）。
(8)　ねえ、（a　これは買った　　b　これ、わかった　）の？
(9)　みんな（a　車で　　b　来るまで　）待ちましょう。
(10)　あと（a　もう少し、できます　　b　もう少しで、来ます　）よ。

1-C 似ている数字　Những số có cách đọc gần giống nhau

数字は「～時」「～分」などの単位がついたり、「4、5日」のような言い方をしたりすると、聞き取りにくくなります。アクセントやイントネーションに注意して、正しく聞き取りましょう。

Nếu các số có đi kèm các đơn vị như là "～時" (giờ), "～分" (phút)… hay có cách đọc giống như "4、5日" (4, 5 ngày) thì sẽ trở nên khó nghe. Chúng ta hãy cùng chú ý tới trọng âm và ngữ điệu để hiểu đúng.

練習1-C

文を聞いてください。どちらですか。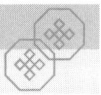

(1) (a　8匹　　b　100匹)
(2) (a　8日か9日　　b　4日か9日)
(3) (a　3時5分　　b　35分)
(4) (a　11.1パーセント　　b　10.1パーセント)
(5) (a　7、8分　　b　7時8分)
(6) (a　1017年　　b　1011年)
(7) (a　3分の2　　b　3部の2)
(8) (a　356点　　b　3百5、60点)
(9) (a　2、3冊　　b　3冊)
(10) (a　約50人　　b　150人)

2 音の変化
Các dạng biến âm và lược âm

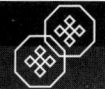

親しい人と話すときは、音が省略されたり、書いたものとは違った音になったりすることがあります。

Trong hội thoại với người thân, hay có hiện tượng âm bị lược bớt hoặc biến thành âm khác với văn viết.

変化した形 Sau khi biến âm	元の形 Âm gốc
「〜ちゃう」「〜じゃう」 例 行っちゃう／休んじゃう	「〜てしまう」「〜でしまう」 例 行ってしまう／休んでしまう
「〜ちゃ」「〜じゃ」 例 言っちゃ／それじゃ	「〜ては」「〜では」 例 言っては／それでは
「〜(なく)ちゃ」「〜(な)きゃ」 例 出さなくちゃ／しなきゃ	「〜(なく)ては」「〜(な)ければ」 例 出さなくては／しなければ
「〜てる」「〜でる」 例 知ってる／飲んでる	「〜ている」「〜でいる」 例 知っている／飲んでいる
「〜てた」「〜でた」 例 知ってた／飲んでた	「〜ていた」「〜でいた」 例 知っていた／飲んでいた
「〜てく」「〜でく」 例 持ってく／飛んでく	「〜ていく」「〜でいく」 例 持っていく／飛んでいく
「〜てった」「〜でった」 例 持ってった／飛んでった	「〜ていった」「〜でいった」 例 持っていった／飛んでいった
「〜とく」「〜どく」 例 置いとく／読んどく	「〜ておく」「〜でおく」 例 置いておく／読んでおく
「〜って」 例 呉っていう町／いいって言った	「〜と」 例 呉という町／いいと言った
＋「っ」 例 とっても／すっごく／ばっかり	−「っ」 例 とても／すごく／ばかり

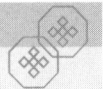

練習2-1
文を聞いてください。どちらの意味ですか。 🎧A09

(例) この本、(a 読んでみる ⓑ 読んでいる)？
(1) 今日は (a 行かなくてはならない   b 行かなかった)。
(2) 昼ご飯、(a 食べていく   b 食べに行く)ね。
(3) 水、(a 持っていった   b 持っていた)？
(4) 切符、(a なくしてはいけない   b なくしてしまった)よ。
(5) かばん、(a 持っていった   b 持つと言った)んだよ。

練習2-2
文を聞いて、元の形を書いてください。 🎧A10

(例) カメラ、＿＿＿持っている＿＿＿よ。
(1) あ、そろそろ＿＿＿＿＿＿＿＿＿＿。
(2) うち、＿＿＿＿＿＿＿＿＿＿？
(3) ここに＿＿＿＿＿＿＿＿＿＿だめだよ。
(4) 先生の話、ちゃんと＿＿＿＿＿＿＿？
(5) 先に＿＿＿＿＿＿＿＿＿＿ね。
(6) 店、もう＿＿＿＿＿＿＿＿＿＿よ。
(7) 飲み物、＿＿＿＿＿＿＿＿＿＿？
(8) さっき＿＿＿＿＿＿＿＿＿＿んだけど。
(9) DVDなら、田中さんが＿＿＿＿＿＿＿よ。
(10) ずっと同じの＿＿＿＿＿＿＿＿＿ね。

18 ── 実力養成編 Ⅰ　音声の特徴に慣れる

3 音の高さや長さに注意する
Chú ý tới cao độ và trường độ của âm

イントネーションによって、相手の話に同意しているかどうかがわかることがあります。
Nhiều khi phải tùy vào ngữ điệu để xem người nói có đồng ý với câu nói của người đối thoại hay không.

表現　Cách diễn đạt lời nói

・同意しない・断る・残念な気持ち：　　Tâm trạng không đồng ý, muốn từ chối, tiếc nuối:

　　うーん／あー／えー

　　○○ねえ／○○かー／○○ですかあ？

[例1]　これにしたらどう？
　　　　―うん、そうだね。
　　　　―うーん、そうだねえ。　（同意しない）

[例2]　あした7時に来てくれませんか。
　　　　―あ、7時ですか。
　　　　―あー、7時ですかー。　（同意しない）
　　　　―えー、7時ですかあ？　（同意しない）

☆ 例題3
会話を聞いてください。男の人が同意していないものに×をつけてください。

(1)　(　　　　)

(2)　(　　　　)

3　音の高さや長さに注意する　19

答え (1)— (2)×

スクリプト
(1) 女：土曜日に行きませんか。
    男：あ、土曜日ですか。
(2) 女：これ、古いからやめたほうがいいよ。
    男：えー、古いかあ？

練習3

会話を聞いてください。女の人が同意していないものに×をつけてください。

(1) (　　　　)
(2) (　　　　)
(3) (　　　　)
(4) (　　　　)
(5) (　　　　)
(6) (　　　　)
(7) (　　　　)
(8) (　　　　)
(9) (　　　　)
(10) (　　　　)

Ⅱ 「発話表現」のスキルを学ぶ
Rèn kỹ năng diễn đạt lời nói

問題形式と内容　Nội dung và hình thức câu hỏi bài thi

絵を見ながら状況説明文と質問を聞きます。それから、3つの選択肢を聞いて、やじるし（→）の人の発話として最もよいものを選びます。

Vừa xem tranh vừa nghe câu giải thích tình huống và câu hỏi. Sau đó, nghe 3 đáp án rồi chọn đáp án thích hợp nhất với câu chuyện của người được đánh dấu mũi tên (→) trong tranh.

| 絵を見ながら状況説明文と質問を聞く | → | 3つの選択肢を聞く | → | 答えを選ぶ |

Vừa xem tranh vừa nghe câu giải thích tình huống và câu hỏi → Nghe 3 đáp án → Chọn đáp án đúng

◇聞き取りのポイント　Những điểm chính cần nghe hiểu:
1　状況説明文を理解する
2　話す人と聞く人のどちらがする表現かに注意する
3　その状況で使う決まった表現に注意する

1. Hiểu được câu giải thích tình huống;
2. Chú ý nghe xem đó là diễn đạt của người nói hay người nghe;
3. Chú ý tới cách diễn đạt cố định được dùng trong tình huống đó.

1 状況説明文を聞き分ける
Nghe phân biệt câu giải thích tình huống

状況説明文を聞いて、発話の状況や場面を理解します。話す人(→の人)と聞く人のどちらが動作をする状況なのかを考えることが大切です。

Nghe câu giải thích tình huống để nắm được tình huống, ngữ cảnh lời nói. Việc suy nghĩ xem đó là tình huống hành động của người nói (người được đánh dấu →) hay người nghe là rất quan trọng.

◇状況説明文の例　Ví dụ câu giải thích tình huống:

【話す人がする】　Người nói làm

例1　友達の消しゴムを使いたいです。(話す人が使う)

例2　友達が疲れたので、運転を代わってあげます。(話す人が運転する)

【聞く人がする】　Người nghe làm

例3　友達に自転車を貸してもらいます。(聞く人が貸す)

例4　先生に作文の間違いを直してほしいです。(聞く人が直す)

練習1

状況説明文を聞いてください。どちらがしますか。選んでください。　A14

(1) (　話す人　・　友達　)が教える

(2) (　話す人　・　友達　)が使う

(3) (　話す人　・　隣の席の人　)が取る

(4) (　話す人　・　店の人　)が説明する

(5) (　話す人　・　着物を着ている人　)が撮る

(6) (　話す人　・　近くの人　)が手伝う

(7) (　話す人　・　図書館の人　)が調べる

2 許可や依頼の発話を聞き分ける
Nghe phân biệt câu cho phép và câu nhờ vả

2-A 許可や依頼の表現 Cách diễn đạt cho phép và nhờ vả

発話の選択肢にある表現が、話す人がするときの表現か聞く人がするときの表現かに注意します。まず状況説明文で、話す人がする状況か聞く人がする状況かを理解した後、それと合う発話を選びます。（状況説明文ではどちらがするか言わない場合もあります。）

Chú ý xem những cách diễn đạt của các phương án trả lời là cách diễn đạt thể hiện người nói sẽ làm hay người nghe sẽ làm. Trước hết, trong câu giải thích tình huống sau khi đã hiểu được đó là tình huống người nói sẽ làm hay tình huống người nghe sẽ làm, ta sẽ lựa chọn phương án trả lời phù hợp. (Cũng có những trường hợp mà trong câu giải thích tình huống không nói đối tượng nào sẽ làm.)

【話す人がするとき】 Người nói làm

許可を求める Xin phép	～ても＋いい？／いいですか／いいでしょうか／よろしいでしょうか
	～させて＋もらえる？／もらえませんか／いただきたいんですが／くれる？／くれませんか／ください／くださいませんか／ほしいんだけど
	～たいんですが／～たいんですけど
	(使いたい) ○○、ありますか／使えますか（可能の形＋か）
	(座りたい) ここ、いいですか／空いていますか／だれかいますか
方法を聞く Hỏi phương pháp	どう＋～ばいいでしょうか
	どう＋～たらいいですか
	～方がわからないんですが／～がわからないんですけど
	～たいんですが／～たいんですけど

【聞く人がするとき】 Người nghe làm

お願いする Nhờ vả	～て＋もらえる？／もらえませんか／いただきたいんですが／くれる？／くれませんか／ください／くださいませんか／ほしいんだけど

2 許可や依頼の発話を聞き分ける ― 23

練習2-A

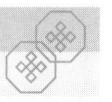

状況説明文と3つの発話を聞いてください。状況に合う発話に○を、そうでないものには×をつけてください。🎧A15

(1)　1（　　　）
　　　2（　　　）
　　　3（　　　）

(2)　1（　　　）
　　　2（　　　）
　　　3（　　　）

(3)　1（　　　）
　　　2（　　　）
　　　3（　　　）

(4)　1（　　　）
　　　2（　　　）
　　　3（　　　）

(5)　1（　　　）
　　　2（　　　）
　　　3（　　　）

(6)　1（　　　）
　　　2（　　　）
　　　3（　　　）

(7)　1（　　　）
　　　2（　　　）
　　　3（　　　）

(8)　1（　　　）
　　　2（　　　）
　　　3（　　　）

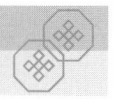

2-B 注意するべき動詞　Những động từ cần chú ý

同じ場面で違う動詞を使うことがあります。話す人の動作を表す動詞を使うとき（例：借りる）と、聞く人の動作を表す動詞を使うとき（例：貸す）では、後ろに続く表現が違うので注意します。

Nhiều khi sử dụng các động từ khác nhau cho cùng một ngữ cảnh. Khi sử dụng động từ thể hiện động tác của người nói (ví dụ: 借りる → mượn) và khi sử dụng động từ thể hiện động tác của người nghe (ví dụ: 貸す → cho mượn) thì cách dùng từ đi đằng sau chúng là khác nhau nên cần phải chú ý.

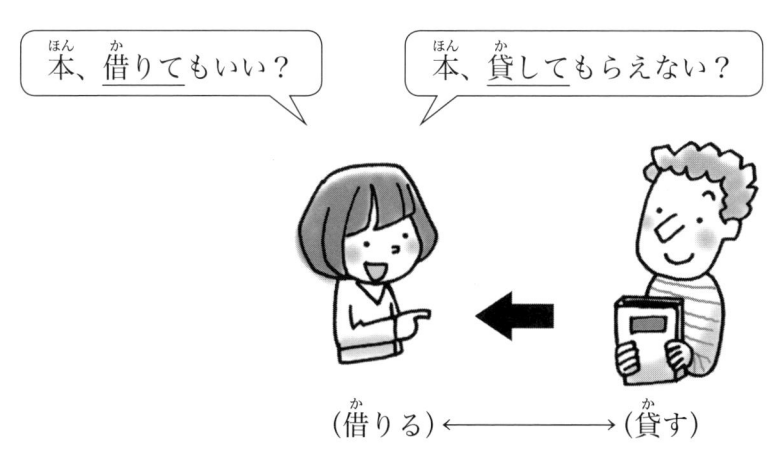

本、借りてもいい？　　本、貸してもらえない？

（借りる）←――――――→（貸す）

動詞	例文	
借りる	【話す人の動作】	借りてもよろしいですか。
貸す	【聞く人の動作】	貸していただけませんか。
見る	【話す人の動作】	見てもいい？
見せる	【聞く人の動作】	見せてよ。
聞く	【話す人の動作】	お聞きしたいんですが。
教える	【聞く人の動作】	教えていただきたいんですが。
もらう／いただく	【話す人の動作】	もらってもいいでしょうか。
くれる／くださる	【聞く人の動作】	くださいませんか。
預ける	【話す人の動作】	荷物、預けたいんですけど。
預かる	【聞く人の動作】	荷物、預かっていただけませんか。

2　許可や依頼の発話を聞き分ける —— 25

練習2-B

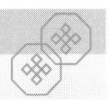

状況説明文と3つの発話を聞いてください。状況に合う発話に○を、そうでないものには×をつけてください。 🎧A16

(1) 1 (　　　)
　　 2 (　　　)
　　 3 (　　　)

(2) 1 (　　　)
　　 2 (　　　)
　　 3 (　　　)

(3) 1 (　　　)
　　 2 (　　　)
　　 3 (　　　)

(4) 1 (　　　)
　　 2 (　　　)
　　 3 (　　　)

(5) 1 (　　　)
　　 2 (　　　)
　　 3 (　　　)

(6) 1 (　　　)
　　 2 (　　　)
　　 3 (　　　)

(7) 1 (　　　)
　　 2 (　　　)
　　 3 (　　　)

(8) 1 (　　　)
　　 2 (　　　)
　　 3 (　　　)

3 問題を知らせる・助けを申し出る表現に注意する
Chú ý cách diễn đạt khi thông báo vấn đề, đưa ra đề nghị giúp đỡ

聞く人に何か問題を知らせたり、自分から助けを申し出たりする状況では、次のような表現が使われます。

Trong tình huống thông báo một vấn đề gì đó cho người nghe hay bản thân đề nghị giúp đỡ người nghe thì những cách diễn đạt như sau được sử dụng.

状況と表現　Tình huống và cách diễn đạt	発話例　Ví dụ
話す人に関係する問題を知らせて、聞く人に助けを求める： Thông báo một vấn đề liên quan tới người nói và yêu cầu người nghe giúp đỡ: ～んですが／～んですけど	・忘れ物をしたんですが。 ・エアコンが動かないんですが。 ・いすが壊れているんですけど。 ・電気がつかないんですけど。
聞く人に関係する問題を知らせる： Thông báo vấn đề liên quan đến người nghe: ～よ、～ていますよ／～てるよ	・ハンカチ、落ちましたよ。 ・かさ、忘れていますよ。 ・かばんが開いていますよ。 ・服に何かついてるよ。
聞く人に助けを申し出る： Đề nghị giúp đỡ người nghe: ～ましょうか／～ようか、～ますね／～ますよ	・手伝いましょうか。 ・一緒に運ぼうか。 ・これ、持っていきますね。 ・片付け、一緒にやりますよ。

練習3

状況説明文と発話を聞いてください。3つの発話の中から最もよいものを1つ選んでください。 (A17)

(1) 1 2 3　　(2) 1 2 3　　(3) 1 2 3　　(4) 1 2 3

(5) 1 2 3　　(6) 1 2 3　　(7) 1 2 3　　(8) 1 2 3

4 あいさつ表現に注意する
Chú ý tới cách diễn đạt khi chào hỏi

<状況説明文と表現　Câu giải thích tình huống và cách diễn đạt>

状況説明文の例　Ví dụ về câu giải thích tình huống	表現の例　Ví dụ về cách diễn đạt
会社でほかの人より自分が先に帰ります。	お先に失礼します。
会社でほかの人が自分より先に帰ります。	お疲れ様でした。
ほかの人のうちに入ります。	おじゃまします。
ほかの人のうちを出ます。	おじゃましました。
ほかのうちの人に、来たことを知らせます。	ごめんください。
先生に今から話せるかどうか聞きます。	お時間、ありますか。／今、ちょっとよろしいですか。
先生に質問したいです。	質問があるんですが。
受付の人に質問したいことがあります。	うかがいたいんですが。
お世話になった人に久しぶりに会いました。	ごぶさたしております。
病気の人と別れます。	お大事に。
お客さんにいすを勧めます。	どうぞおかけください。
お客さんに食べ物や飲み物を勧めます。	お口に合うかどうか。
先輩が自分を待っていました。	お待たせしました。
これから長い間会わない人と別れます。	お元気で。
旅行に行く人に会いました。	お気をつけて。

練習4

状況説明文と発話を聞いてください。3つの発話の中から最もよいものを1つ選んでください。🎧A18

(1) 1 2 3　(2) 1 2 3　(3) 1 2 3　(4) 1 2 3

(5) 1 2 3　(6) 1 2 3　(7) 1 2 3　(8) 1 2 3

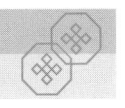

確認問題　Bài tập ứng dụng　A19

えを見ながら質問を聞いてください。やじるし（→）の人は何と言いますか。1から3の中から、最もよいものを一つえらんでください。

(1)　| 1　2　3 |

(2)　| 1　2　3 |

4　あいさつ表現に注意する　29

III 「即時応答」のスキルを学ぶ
Rèn kỹ năng phản xạ nhanh

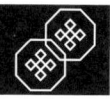

問題形式と内容　Nội dung và hình thức câu hỏi bài thi

質問、報告、依頼、あいさつなどの短い文を聞いた後、すぐにそれに合う答え方を考えます。

Sau khi nghe một câu ngắn như câu hỏi, câu báo cáo, câu nhờ vả, v.v… thì phải ngay lập tức suy nghĩ cách trả lời phù hợp.

| 短い文を聞く | → | 3つの選択肢を聞く | → | 答えを選ぶ |

Nghe câu ngắn → Nghe 3 đáp án → Chọn đáp án đúng

◇聞き取りのポイント　Những điểm chính cần nghe hiểu:
1. だれの動作を表す表現かに注意する
2. 敬語の表現に注意する
3. 会話で使われる表現やあいさつの表現に注意する
4. 間接的な答え方に注意する

1. Chú ý xem đó là diễn đạt thể hiện hành động của ai;
2. Chú ý tới cách diễn đạt kính ngữ;
3. Chú ý tới cách diễn đạt được sử dụng trong hội thoại và cách diễn đạt khi chào hỏi;
4. Chú ý tới cách trả lời gián tiếp.

1 だれの動作かに注意する
Chú ý xem đó là hành động của ai

1-A 敬語　Kính ngữ

敬語を使う会話では、敬語の意味とだれの動作かに注意します。

Trong các đoạn hội thoại có dùng kính ngữ, hãy chú ý tới nghĩa của kính ngữ và đó là động tác của ai.

【一般的な形　Dạng bình thường】

聞く人がする　Người nghe làm

　尊敬語　Tôn kính ngữ
　・お 動詞ます になる　　例　お使いになりますか。／お聞きになりませんか。
　・お 動詞ます ください　例　お待ちください。／おかけください。
　・お 動詞ます だ　　　　例　お読みですか。／お帰りですか。
　・〜（ら）れる　　　　　例　来られますか。／準備されましたか。
　〜ていただく　　　　　　例　書いていただけませんか。（書く人＝聞く人）

話す人がする　Người nói làm

　謙譲語　Khiêm nhường ngữ
　・お 動詞ます する　例　お持ちしましょう。／お渡しします。
　〜（さ）せていただく　　例　休ませていただけませんか。（休む人＝話す人）

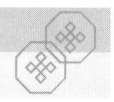

【特別な形　Dạng đặc biệt】

普通の動詞 Động từ bình thường	聞く人がする (尊敬語) Người nói nghe làm (Tôn kính ngữ)	話す人がする (謙譲語) Người nói làm (Khiêm nhường ngữ)
する	なさいます	いたします
いる	いらっしゃいます	おります
行く／来る	おいでになります	まいります／うかがいます
聞く	(お聞きになります)	うかがいます
見る	ご覧になります	拝見します
言う	おっしゃいます	申し上げます
食べる／飲む	召し上がります	いただきます
もらう	(お取りになります　など)	
くれる・あげる	くださいます	さしあげます
知っている	ご存じです	存じています
会う	(お会いになります)	お目にかかります

丁寧な会話では次のような疑問詞が使われるので注意します。

　Chú ý trong những câu hội thoại lịch sự thường sử dụng các từ để hỏi như sau:

・どちらから (＝どこから) いらっしゃいましたか。

・どちら様／どなた (＝だれ) でしょうか。　・何名様 (＝何人) ですか。

練習1-A

文を聞いて、いい返事を選んでください。

(例) (ⓐ ・ b ・ c)

(1) (a ・ b ・ c)　　(2) (a ・ b ・ c)

(3) (a ・ b ・ c)　　(4) (a ・ b ・ c)

(5) (a ・ b ・ c)　　(6) (a ・ b ・ c)

(7) (a ・ b ・ c)　　(8) (a ・ b ・ c)

(9) (a ・ b ・ c)　　(10) (a ・ b ・ c)

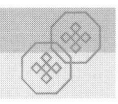

1-B 間違えやすい表現　Những cách diễn đạt dễ nhầm lẫn

誘いや申し出などの表現は、文脈に合わせて、だれの動作かを考えます。

Đối với những cách diễn đạt như mời rủ hay đề nghị, v.v…, sẽ phải căn cứ vào bối cảnh câu nói để suy nghĩ xem đó là hành động của ai.

表現 Cách diễn đạt	意味 Ý nghĩa	だれがするか Ai làm?	会話例 Hội thoại ví dụ
〜ましょう 〜（よ）う	申し出 Đề nghị	話す人がする	A：手伝いましょう。 B：お願いします。
	誘い・提案 Mời rủ, đề xuất	一緒にする	A：そろそろ行こう。 B：うん、そうしよう。
〜ましょうか 〜（よ）うか	申し出 Đề nghị	話す人がする	A：持ちましょうか。 B：すみません。
	誘い・提案 Mời rủ, đề xuất	一緒にする	A：帰ろうか。 B：うん、帰ろう。
〜ませんか 〜ない？	勧め Khuyên nhủ	聞く人がする	A：発表しませんか。 B：はい、頑張ります。
	誘い・提案 Mời rủ, đề xuất	一緒にする	A：食事しない？ B：うん、そうしよう。

練習1-B

文を聞いて、いい返事を選んでください。 🎧A21

(例) (a ・ ⓑ)

(1) (a ・ b)　　(2) (a ・ b)

(3) (a ・ b)　　(4) (a ・ b)

(5) (a ・ b)　　(6) (a ・ b)

(7) (a ・ b)　　(8) (a ・ b)

2 会話でよく使われる表現に注意する
Chú ý các cách diễn đạt thường được dùng trong hội thoại

2-A 会話でよく使われる表現　Các cách diễn đạt thường được dùng trong hội thoại

会話では、省略など、書くときとは違う表現を使うことがあるので注意します。

Chú ý trong hội thoại có khi sử dụng cách diễn đạt rút gọn, khác với văn viết.

表現 Cách diễn đạt	省略されない形・意味 Dạng không được rút gọn/ Ý nghĩa	例文 Câu ví dụ
〜て 〜ないで	〜てください 〜ないでください	ちょっと、塩、取って。 あ、それ、触らないで。
〜たら（どう）？	〜たらどうですか	先生に聞いてみたら？
〜ないと	〜ないといけない	あ、大変。早く行かないと。
〜の？	〜のですか／〜んですか	パーティー、行かないの？
〜ように 〜ないように／〜ずに	〜ようにしてください 〜ないようにしてください	この紙を持ってくるように。 試験だから、遅れずにね。
〜（んだ）って	〜と言っていた	川本さん、来ないんだって。
〜って	〜というのは	弓道って、どんなスポーツ？
〜とか〜とか	〜や〜など	漢字とか敬語とかが難しい。
やる	する	まじめに仕事やろうよ。
いくつ	何歳	太郎君、いくつ？
なんで	どうして	なんで遅れたんですか。
何て	何と	さっき何て言ったの？

練習 2-A

文を聞いて、いい返事を選んでください。🎧A22

(1) (a ・ b)　　(2) (a ・ b)　　(3) (a ・ b)

(4) (a ・ b)　　(5) (a ・ b)　　(6) (a ・ b)

(7) (a ・ b)　　(8) (a ・ b)　　(9) (a ・ b)

(10) (a ・ b)

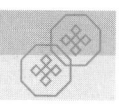

2-B 決まった答え方 Các cách trả lời cố định

あいさつなど、始めの文に対して答え方がだいたい決まっている文に注意します。

Chú ý tới những câu mà cách đáp lại đối với những câu mào đầu như câu chào hỏi chẳng hạn tương đối cố định.

始めの文 Câu mào đầu	返事の文の例 Câu trả lời ví dụ
お先に失礼します。	お疲れ様でした。
すみません。／失礼しました。	いいえ。／どういたしまして。
いらっしゃい。	おじゃまします。
おじゃましました。	またいらしてください。／またいらっしゃってください。
ごめんください。	はい、どちら様ですか。／どなたですか。
お時間、ありますか。／今、ちょっとよろしいですか。	ええ、何でしょうか。
お元気ですか。	ええ、おかげさまで。
お世話になりました。	いいえ、こちらこそ。
どうぞおかけください。／お入りください。	失礼します。
どうぞごゆっくり。	ありがとうございます。
お口に合うかどうか。／コーヒーでもいかがですか。	どうぞおかまいなく。／いただきます。

練習2-B

文を聞いて、いい返事を選んでください。

(1) (a ・ b)　(2) (a ・ b)　(3) (a ・ b)
(4) (a ・ b)　(5) (a ・ b)

3 間接的な答え方に注意する
Chú ý cách trả lời gián tiếp

質問や誘いに対して、答えをはっきり言わないで間接的に答えることがあります。その時は、答えの文が始めの文の内容とどのように関係しているかを考えます。

Đối với câu hỏi hay câu có ý mời rủ, nhiều khi người ta không có câu trả lời rõ ràng mà trả lời một cách gián tiếp. Lúc đó, sẽ phải suy nghĩ xem câu trả lời có mối quan hệ như thế nào với nội dung của câu mà đầu.

例 男：この本、読む？
　　女：(1)面白そうだね。（○）〈読む〉
　　　　(2)漢字が難しいね。（○）〈読まない〉
　　　　(3)1週間に2、3冊読んでるよ。（×）

(1) 「(この本は)面白そうだ」から＜読む＞という意味になり、返事になっています。
(2) 「(この本は漢字があって)漢字が難しい」から＜読まない＞という意味になり、返事になっています。
(3) 「1週間に2、3冊読んでる」は「この本」についてではなく、自分の読書習慣を答えているので、返事になりません。

このように、「はい」「いいえ」を直接言わない文も、正しい返事の文になります。

1. "(この本は) 面白そうだ" ((Quyển sách này) có vẻ thú vị) suy ra có nghĩa là "sẽ đọc" nên đây sẽ là câu trả lời của trường hợp câu hỏi này.
2. "(この本は漢字があって) 漢字が難しい" ((Quyển sách này có chữ Hán) mà chữ Hán thì khó) suy ra có nghĩa là "không đọc" nên đây sẽ là câu trả lời của trường hợp câu hỏi này.
3. "1週間に2、3冊読んでる" (Một tuần đọc khoảng 2, 3 quyển) không nói về "この本" (quyển sách này) mà trả lời về một thói quen đọc sách của mình nên đây sẽ không phải là câu trả lời của trường hợp câu hỏi này.

Cứ như vậy, những câu không trực tiếp nói từ "はい" (có), "いいえ" (không) cũng vẫn có thể là câu trả lời đúng.

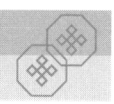

また、「いいよ」は肯定的な返事にも、否定的な返事にも使われるので注意します。

Ngoài ra, lưu ý từ "いいよ" (được đấy, được rồi) còn được dùng cho câu khẳng định và câu phủ định.

🅐24 例1　女：ちょっと手伝ってよ。
　　　　男：いいよ。(↑) 何すればいい？
　　例2　女：上着着ていったら？
　　　　男：いいよ。(↓) そんなに寒くないから。

例1では後半の音を上げて言います。これは肯定的な返事で、「手伝う」という意味です。
例2では後半の音を下げます。これは否定的な返事で「着ていかなくてもいい」という意味です。

Ở ví dụ 1, lên giọng ở phần sau. Đây là câu trả lời khẳng định với nghĩa là "手伝う" (sẽ giúp).
Ở ví dụ 2, xuống giọng ở cuối câu. Đây là câu trả lời phủ định với nghĩa là "着ていかなくてもいい" (không mặc đi cũng được).

練習3
文を聞いて、いい返事を選んでください。🅐25

(1) (a ・ b)　　(2) (a ・ b)
(3) (a ・ b)　　(4) (a ・ b)
(5) (a ・ b)　　(6) (a ・ b)
(7) (a ・ b)　　(8) (a ・ b)
(9) (a ・ b)　　(10) (a ・ b)

✳ 確認問題　Bài tập ứng dụng 🅐26

まず文を聞いてください。それから、そのへんじを聞いて、1から3の中から、最もよいものを一つえらんでください。

(1) | 1　2　3 |　　(2) | 1　2　3 |

(3) | 1　2　3 |

3　間接的な答え方に注意する ── 37

Ⅳ 「課題理解」のスキルを学ぶ
Rèn kỹ năng hiểu yêu cầu câu hỏi

問題形式と内容　Nội dung và hình thức câu hỏi bài thi

まとまりのある話から依頼や指示、提案などを聞き取り、これからするべきことを理解します。選択肢は文字または絵で問題用紙に印刷されているので、それを見ながら話を聞きます。

Từ một câu chuyện hoàn chỉnh, nghe hiểu các yêu cầu nhờ vả, chỉ thị hay đề xuất, v.v... Từ đó biết được việc cần phải làm. Các phương án trả lời được in dưới dạng chữ hoặc có tranh trong tờ đề thi nên hãy vừa nhìn tranh vừa nghe khi làm bài.

状況説明文と質問文を聞く → 話を聞く → もう一度質問文を聞く

Nghe câu giải thích tình huống và câu hỏi → Nghe câu chuyện → Nghe lại câu hỏi một lần nữa

→ 問題用紙にある選択肢から答えを選ぶ

→ Lựa chọn đáp án đúng từ các phương án trả lời trong tờ đề thi

◇聞き取りのポイント　Các điểm chính cần nghe hiểu:
1　するべきことを聞き取る
2　指示や提案に対して同意しているかどうかを考える
3　するべきことがいくつかある場合は、その中で優先することを考える

1. Nghe và biết được việc cần phải làm;
2. Suy nghĩ xem có đồng ý với các chỉ thị và các đề xuất đưa ra hay không;
3. Trong trường hợp có vài việc cần phải làm thì suy nghĩ việc ưu tiên cần phải làm trước trong số đó.

1 するべきことを考える
Suy nghĩ việc cần phải làm

話の中に依頼や指示、提案、申し出などを表す表現(→23、27、33ページ)が出てきたら、するべきことかもしれないので注意します。

Lưu ý nếu trong bài có xuất hiện các câu như nhờ vả, sai khiến, đề nghị, v.v… (trang 23, 27, 33) thì đó có thể là việc cần phải làm.

表現 Cách diễn đạt

・依頼・指示： Nhờ vả/chỉ thị

(悪いんだけど／すみませんが／申し訳ないんですが)

～て／～てくれない？／～ていただけますか／～てもらえる？

・提案： Đề xuất

～てみたら／～たらどう

・誘い・提案： Mời rủ/đề xuất

～ましょうか／～ませんか

・申し出： Đề nghị

～ましょうか／～ておこうか／～ますよ

上のような表現に対して同意する表現で答えていればするべきこと、同意しない表現で答えていればしなくてもいいことになります。

Nếu trả lời phải bằng cách diễn đạt thể hiện sự đồng ý với các câu nêu trên thì đó là việc cần phải làm. Còn nếu trả lời bằng cách diễn đạt thể hiện sự không đồng ý thì đó là việc không làm cũng được.

同意する Đồng ý	同意しない Không đồng ý
うん／いいね／そうだね／よろしく／わかった／お願い／頼むね	うーん／そうかな／それはちょっと／それはどうかな／そのまま(にして)

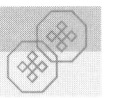

また、以下の表現も、するべきことを聞き取る手がかりです。これらは、するべきことについて自分から提案したり意見を言ったりするときにも使います。また、相手の言ったことに同意する／しないときにも使います。

Ngoài ra, những cách diễn đạt dưới đây cũng là căn cứ để nhận biết việc cần phải làm. Chúng có thể được sử dụng để đưa ra đề xuất hay ý kiến của bản thân về những việc cần phải làm. Nó cũng sử dụng khi đồng ý hay không đồng ý với những gì mà người đối thoại nói.

|表現|　Cách diễn đạt

- するべきこと：〜なきゃ／〜なくちゃ／〜ないと／〜が要る／必要／〜たほうがいい
- しなくてもいいこと：〜(は)いい／要らない／大丈夫／〜なくてもいい

　　　　　　　　　　　もう〜てある／もう〜ている／(昨日／さっき)〜た

★ 例題 1 − 1

会話を聞いてください。女の人はこれからどうしますか。 🅰27

(1) （　　運ぶ　・　運ばない　　）

(2) （　　返す　・　返さない　　）

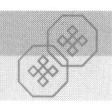

答え (1)運ばない　(2)返す

(1)女の人が「運んでお(く)」ことを申し出ましたが、男の人は「それはいいよ」、つまり、しなくてもいいと言っています。
(2)「返さないと」はこれからするべきことを表す表現で、女の人はそれに同意しています。

(1) Người nữ đề nghị "運んでお(く)" (Tôi sẽ vận chuyển nó), nhưng người nam nói rằng "それはいいよ" (Được rồi), có nghĩa là không chuyển cũng được.
(2) "返さないと" (Phải trả) là cách diễn đạt về việc cần phải làm từ giờ trở đi và người nữ đồng ý với điều đó.

スクリプト
(1) 女：これ、あっちに運んでおこうか。
　　男：あ、それはいいよ。
(2) 男：この本、あした返さないと。
　　女：うん、わかった。

練習1-1

会話を聞いてください。女の人はこれからどうしますか。

(1) (　　入れる　　・　　入れない　　)
(2) (　　並べる　　・　　並べない　　)
(3) (　　片付ける　・　　片付けない　　)
(4) (　　連絡する　・　　連絡しない　　)
(5) (　　持っていく　・　　持っていかない　)

1　するべきことを考える

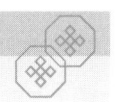

するべきかどうかについて意見を言うとき、「〜んじゃない？」を使うことがあります。これは「〜だと思う」という意味です。この表現も、自分から提案や注意をするときや、相手の言ったことに同意する／同意しないときに使います。文の終わりのイントネーションに気をつけます。

Nhiều khi sử dụng "〜んじゃない？" để nói ý kiến về việc cần phải làm hay không cần phải làm. Nó có nghĩa là "Tôi nghĩ rằng ~". Diễn đạt này cũng được sử dụng khi mình đề xuất hay lưu ý điều gì đó hoặc khi đồng ý hay không đồng ý với những gì mà người đối thoại nói. Hãy chú ý tới ngữ điệu ở cuối câu.

例1　A：帽子、持っていったほうがいいかな。
　　　B：必要ないんじゃない？　（＝必要ではないと思う）

例2　A：これ、あっちに持っていこうか。
　　　B：置いといていいんじゃないかな。　（＝置いておいていいと思う）

例3　A：チケット、忘れてるんじゃないの？　（＝忘れていると思う）
　　　B：本当だ。持っていかなきゃ。

例題1-2

会話を聞いてください。男の人はこれからどうしますか。

(1) （　予約する　・　予約しない　）
(2) （　電話する　・　電話しない　）

答え (1)予約しない　(2)電話する

(1)女の人は「しなくてもいい」と思うと言って、男の人に同意していません。
(2)女の人は「そうしたほうがいい」と思うと言って、男の人に同意しています。

(1) Người nữ nói "しなくてもいい" (Không làm cũng được), điều đó có nghĩa là cô ấy không đồng ý với người nam.
(2) Người nữ nói "そうしたほうがいい" (Nên làm như vậy), điều đó có nghĩa là cô ấy đồng ý với người nam.

スクリプト
(1) 男：予約しておきましょうか。
　　女：しなくてもいいんじゃないかな。
(2) 男：田中さんにも電話しとく？
　　女：ああ、そうしたほうがいいんじゃない？

練習1-2

会話を聞いてください。男の人はこれからどうしますか。

(1) これを　　（　洗う　・　洗わない　）
(2) ネクタイを（　あげる　・　あげない　）
(3) どこかに　（　運ぶ　・　運ばない　）
(4) 佐藤さんを（　誘う　・　誘わない　）
(5) エアコンを（　つける　・　つけない　）

ステップアップ問題　例題1

話を聞いて、質問の答えとして合うものを1つ選んでください。

1　お金
2　図書カード
3　タオルとお茶
4　タオルとコーヒー

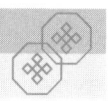

答え 4

「お金」という提案には男の人が同意していません。「図書カード」には女の人が同意していません。「去年はタオルとお茶だった」ので、今年も「同じ」にすると言っていますが、「お茶よりはコーヒーがいい」と言っています。

Người nam không đồng ý với đề xuất "お金" (tiền). Người nữ không đồng ý với đề xuất "図書カード" (Thẻ thư viện). Vì người nam nói là "去年はタオルとお茶だった" (Năm ngoái là khăn tắm và trà) và người nữ nói là năm nay cũng sẽ làm "同じ" (giống như vậy) nhưng rồi lại nói rằng "お茶よりはコーヒーがいい" (cà phê hay hơn trà).

スクリプト

男の人と女の人が会社でスポーツ大会の賞品について話しています。女の人は賞品を何にしますか。

男：スポーツ大会の賞品の係、君だったよね。優勝チームの賞品、もう決めた？

女：うーん、何がいいかよくわからなくて。ね、お金はどうかな。

男：それはつまらないんじゃないの？　それなら、図書カードか何かの方がいいと思うけど。

女：うーん、今、みんなあまり本、読まないでしょう？

男：そうだなあ。去年はタオルとお茶だったよね。

女：じゃ、去年と同じにしようかな。

男：それなら、飲み物はお茶よりビールの方がいいな。コーヒーでもいいし。

女：ビールは飲まない人もいるんじゃない？　でも、お茶よりはコーヒーがいいかもね。じゃ、そうしよう。

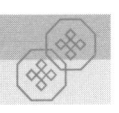

ステップアップ問題1

話を聞いて、質問の答えとして合うものに○をつけてください。

(1) A33

ア　カメラ 　　　　イ　電池 　　　　ウ　水着

エ　帽子 　　　　オ　ビデオ

1　ア　ウ
2　ア　イ　エ
3　イ　ウ
4　イ　エ　オ

(2) A34

1　まえ

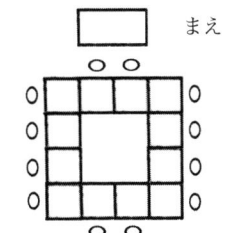

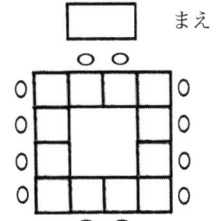

2　まえ

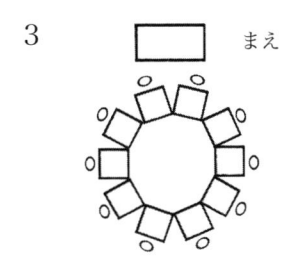

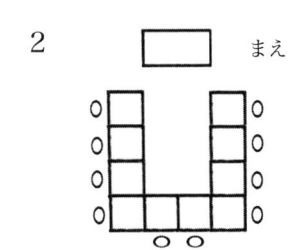

3　まえ

4　まえ

1　するべきことを考える　── 45

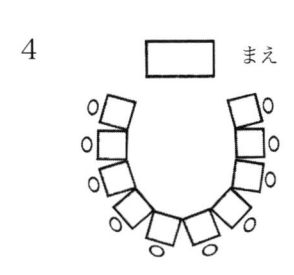

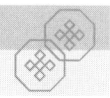

(3) 🎧A35
1 バーベキューの道具
2 キャンプ用のコップと皿
3 紙皿と紙コップ
4 食べ物と飲み物

(4) 🎧A36

ア 質問の紙　　イ ペン　　ウ お菓子

エ 飲み物　　オ お弁当

1 ア イ
2 ア イ ウ
3 ア ウ エ
4 ウ エ オ

(5) 🎧A37
1 500円
2 700円
3 800円
4 900円

2 最初にすることを考える
Suy nghĩ xem việc nào sẽ được làm trước

質問で「まず何をするか」と聞いている場合は、「最初にすること」や「する順番」を表す表現に注意します。

Trong trường hợp nghe thấy câu hỏi "まず何をするか" (Trước tiên sẽ làm gì?) thì phải chú ý tới những cách diễn đạt thể hiện việc làm trước tiên và thứ tự các việc tiếp theo.

表現 Cách diễn đạt

・最初にすること： Việc phải làm trước tiên

　　　まず／最初に／はじめに

・早くすること： Việc phải làm trước

　　　先に／今すぐ／すぐに／急いで

・後ですること： Việc sẽ làm sau

　　　後で／最後に／～は後でいい

・する順番 X→Y： Thứ tự thực hiện

　　　XてからY／Xの後でY／XたらY

　　　X。それからY

　　　Yの前にX

★ 例題2

話を聞いて、質問の答えとして合うものを1つ選んでください。 A38

1　マイクを準備する
2　商品を並べる
3　名札を並べる
4　資料を運んでおく

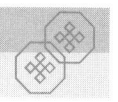

答え 3

「マイク」は「後で借りてきます」と、「名札」は「今やります」と言っていますから、この後すぐ名札を並べます。「商品」「資料」は準備が終わっています。

Vì người nữ nói rằng "マイク" (micro) thì sẽ "後で借りてきます" (tới mượn sau) và "名札" (bảng tên) thì sẽ "今やります" (làm ngay bây giờ) nên ngay sau đó sẽ đi sắp xếp bảng tên. "商品" (sản phẩm) và "資料" (tài liệu) thì đã chuẩn bị xong.

スクリプト

女の人と男の人が新商品の発表会の準備をしながら話しています。女の人はこの後すぐ何をしなければなりませんか。

女：あの、マイクは発表者用と、司会者用の2本でよろしいでしょうか。

男：あー、質問者用にもう1本、後ろに用意しておいたほうがいいね。

女：わかりました。じゃ、後で借りてきます。

男：えーと、もう商品は見ていただけるように置いてあるし……あ、名札はどうなってる？　先に並べておかないと……。

女：あ、ここにあるので、今やります。それから、資料はもうまとめて受付のところに置いておきました。

男：そう。ありがとう。じゃ、僕はちょっと新聞社の人に電話してくるよ。

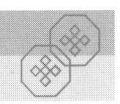

練習2

話を聞いて、質問の答えとして合うものを1つ選んでください。

(1) 🎧A39
1. いすを片付ける
2. お皿を運ぶ
3. テーブルをふく
4. ごみを外に出す

(2) 🎧A40
1. 松下さんに連絡する
2. 松下さんに書類を渡す
3. 書類をコピーする
4. 会議の資料を作る

(3) 🎧A41
1. 写真や絵を探す
2. カードの色を選ぶ
3. 写真や絵をはる
4. あいさつの言葉を書く

(4) 🎧A42
1. コンビニで荷物を送る
2. 猫にえさをやる
3. スーパーでしょうゆを買う
4. 木村さんの住所を調べる

(5) 🎧A43
1. 作文を直す
2. メモを作る
3. 自己紹介をする
4. 紙に感想を書く

2 最初にすることを考える — 49

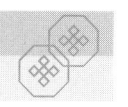

確認問題 Bài tập ứng dụng 🎧44

まず質問を聞いてください。それから話を聞いて、1から4の中から、最もよいものを一つえらんでください。

(1) 🎧45

チェックリスト		
☐	食料	― ア
☐	水	― イ
☐	懐中電灯	― ウ
☐	毛布	― エ
☐	ラジオ	― オ

1　ア　イ　ウ
2　ア　イ　エ
3　イ　ウ　オ
4　ウ　エ　オ

(2) 🎧46
1　先生に連絡する
2　絵本を借りる
3　ビデオの準備をする
4　会場の準備をする

(3) 🎧47
1　エアコンを入れる
2　ノートにサインする
3　コーヒーをいれる
4　昼ご飯の予約をする

V 「ポイント理解」のスキルを学ぶ
Rèn kỹ năng nắm bắt các điểm chính

問題形式と内容　Nội dung và hình thức câu hỏi bài thi

まとまりのある話を聞いて、出来事の理由、目的や話し手の気持ちなど、はじめに質問文で指示されたポイントを聞き取ります。
選択肢は印刷されていて、話を聞く前に読む時間があります。

Ta sẽ nghe một câu chuyện hoàn chỉnh và nghe ra những điểm chính như là về lí do, mục đích của sự việc, cảm xúc của người nói mà nó được chỉ ra trong câu hỏi ở phần đầu.
Các phương án trả lời được in trong đề thi. Trước khi nghe sẽ có thời gian để đọc qua các phương án này.

状況説明文と質問文を聞く → 問題用紙にある選択肢を読む

Nghe câu giải thích tình huống và câu hỏi → Đọc phương án lựa chọn trong tờ đề thi

→ 話を聞く → もう一度質問文を聞く → 選択肢から答えを選ぶ

→ Nghe câu chuyện → Nghe lại câu hỏi một lần nữa → Lựa chọn đáp án từ các phương án

◇聞き取りのポイント　Các điểm chính cần nghe hiểu:
1　選択肢と同じ言葉が出てくる部分に特に注意して聞く
2　答える文で言いたいこと（肯定的か否定的か）を考える
3　追加情報に注意する

1. Nghe và đặc biệt chú ý tới những phần có xuất hiện các từ giống với các phương án lựa chọn;
2. Suy nghĩ về điều người nói muốn thể hiện trong câu trả lời (khẳng định hay phủ định);
3. Chú ý tới những thông tin bổ sung.

1 選択肢と同じ言葉に注意して聞く
Chú ý nghe các từ giống với phương án trả lời

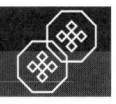

選択肢をよく読んでから話を聞きます。話の中に選択肢と同じ言葉、または同じ意味の言葉が出てきたら、その部分を特に注意して聞き取ります。

Sau khi đọc kỹ các phương án trả lời mới nghe bài. Nếu trong câu chuyện có xuất hiện các từ giống hoặc có nghĩa giống với các phương án trả lời thì hãy nghe và chú ý đặc biệt tới các phần đó.

最も大切なこと(「一番の目的は〜」「何が最も〜」など)を聞く質問の時は、次のような表現にも注意します。

Khi câu hỏi hỏi về điều quan trọng nhất (chẳng hạn như "一番の目的は〜" (mục tiêu số một là ~) hay "何が最も〜" (cái gì ~ nhất)) thì hãy chú ý tới các cách diễn đạt sau:

表現 Cách diễn đạt

- 一番： Số một, nhất

  最も／特に／最高

- 比べる： So sánh

  〜より／それより／もっと〜のは

★ 例題1

状況説明文と質問文を聞いてから、選択肢を読んでください。それから話を聞いて、答えになるものに○、ならないものに×を書いてください。🅐48

1　今週の金曜日　　（　　　）
2　今週の木曜日　　（　　　）
3　来週の月曜日　　（　　　）
4　再来週の月曜日　（　　　）

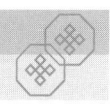

答え 1× 2◯ 3× 4×

質問は「いつ本を返す(か)」です。選択肢の言葉に注意して聞くと、「今週の金曜日」は「行けなくなっ(た)」と言っているので違います。その後、「今週の木曜日」は「夕方」に「うかがってもいいでしょうか」と言っているので、これが答えです。「来週の月曜日」は「祝日でお休み」、「再来週の月曜日」は「遅すぎる」ので、どちらも違います。

このように選択肢の言葉の部分に注意すると、聞くべきポイントがつかみやすくなります。

Câu hỏi là "いつ本を返す(か)" (Khi nào sẽ trả sách?). Nếu chú ý tới từ ngữ của phương án trả lời để nghe bạn sẽ để ý thấy "今週の金曜日" (thứ 6 tuần này) là sai vì người nữ đã nói "行けなくなっ(た)" (không đi được). Sau đó, cô ấy nói tiếp rằng "今週の木曜日", "夕方", "うかがってもいいでしょうか" (Chiều thứ 5 tuần này mình tới được không?) nên đó chính là đáp án. "来週の月曜日", "祝日でお休み" (Thứ 2 tuần sau là ngày lễ nên được nghỉ) và "再来週の月曜日" "遅すぎる" (Thứ 2 tuần sau nữa thì muộn quá) nên cả 2 phương án đó đều không đúng.

Cứ như vậy, nếu chúng ta chú ý tới các phần có các từ giống với các phương án trả lời thì các điểm chính phải nghe sẽ trở nên dễ nắm bắt hơn.

スクリプト

留守番電話を聞いています。この女の人はいつ本を返すと言っていますか。

女：もしもし、杉内です。借りていた本のことなんですけど、今週の金曜日に返す約束でしたが、ちょっと行けなくなってしまったんです。それで、前の日の木曜日の夕方、アルバイトの帰りにお宅にうかがってもいいでしょうか。留守だったら、ポストに入れておきます。月曜日のゼミの時にとも思ったんですが、来週は祝日でお休みなんですよね。再来週だと遅すぎるので……どうもすみません。

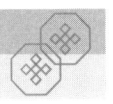

練習1

状況説明文と質問文を聞いてから、選択肢を読んでください。それから話を聞いて、答えになるものに○、ならないものに×を書いてください。

(1) A49
1 アルバイトに行くから　　　　　（　　）
2 アルバイトの面接があるから　　（　　）
3 先生と会うから　　　　　　　　（　　）
4 授業があるから　　　　　　　　（　　）

(2) A50
1 太くておいしい　　　　（　　）
2 細すぎて甘くない　　　（　　）
3 葉が大きい　　　　　　（　　）
4 味がはっきりしない　　（　　）

(3) A51
1 体の具合が悪いから　　　　（　　）
2 電車が止まっているから　　（　　）
3 事故があったから　　　　　（　　）
4 仕事が終わらないから　　　（　　）

(4) A52
1 長いスピーチを覚えること　　　（　　）
2 スピーチのテーマを決めること　（　　）
3 日本語でスピーチを書くこと　　（　　）
4 人の顔を見ながら話すこと　　　（　　）

(5) A53
1 仕事で問題があったこと　　　　　（　　）
2 言葉がわからなかったこと　　　　（　　）
3 料理が口に合わなかったこと　　　（　　）
4 シャワーのお湯が出なかったこと　（　　）

54 ── 実力養成編　Ⅴ　「ポイント理解」のスキルを学ぶ

2 答える文で言いたいこと（肯定的か否定的か）を考える
Suy nghĩ về điều muốn nói ở câu trả lời (khẳng định hay phủ định)

話す人は自分の気持ちをはっきりした表現で言わないこともあります。答える文で言いたいこと（肯定的か否定的か）を考える手がかりとして、次のようなことを学習しました。

Cũng có những khi người nói không sử dụng cách nói thể hiện rõ ràng cảm xúc của bản thân. Chúng ta đã học những cách nói dưới đây như là một phương tiện để suy nghĩ về điều người nói muốn nói ở câu trả lời (khẳng định hay phủ định).

・同意するかどうかを示す表現　（39ページ）

Các cách diễn đạt thể hiện đồng ý hay không đồng ý

・間接的な答え方　（36ページ）

Các cách trả lời gián tiếp

ここでは、さらに次の表現に注目します。

Ở đây cần chú ý thêm một số cách diễn đạt sau:

(1)「～けど。／～から。／～て。／～し。／～ので。」などで終わる文

例1　A：あの店、入ろうか。　B：休みたいしね。　（肯定的：入る）

例2　A：あの店、入ろうか。　B：休みたいけど……。（否定的：入らない）

(2)「～なら／～ば／～たら……けど」

（実際と違う状況を示す）

（Thể hiện một tình huống khác với thực tế）

例3　A：英会話学校に通うの？
　　　B：学生時代に勉強していれば、必要ないんだけど。
　　　（肯定的：勉強していなかったので、通わなければならない）

例4　A：この服、似合うんじゃない？
　　　B：背が高い人ならいいと思うけど。（否定的：背が低い自分には似合わない）

★ 例題2-1

会話を聞いてください。女の人は何が言いたいですか。　🅱01

(1)　1　行きたい　　　　2　行きたくない

(2)　1　食べる　　　　　2　食べない

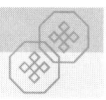

答え (1) 2　(2) 2

(1)「(歌が)あんまり上手じゃない」ということを、理由を表す「から」をつけて伝えています。これは「だから行きたくない」という意味です。このように、相手にとって残念な答えの時は、はっきり答えを言わないで、理由だけを伝えることが多くあります。

(2)「〜ば……けど」を使って、実際とは違う状況を示しています。実際は「おなかがいっぱいなので、食べたくない」という意味です。

(1) Người nữ truyền đạt ý "(歌が)あんまり上手じゃない" (Tôi hát không hay lắm) bằng từ "から" (bởi vì) là từ dùng để biểu thị lý do. Điều đó có nghĩa là "だから行きたくない" (Vì vậy tôi không muốn đi). Như vậy, nhiều khi khi câu trả lời mang hàm ý nuối tiếc đối với đối tượng, người nói chỉ đưa ra lý do mà không trả lời rõ ràng.

(2) Người phụ nữ sử dụng cách nói "〜ば…けど" (nếu ~ vậy mà...) là cách nói chỉ ra rằng thực tế thì khác. Có nghĩa rằng thực tế là "vì no bụng nên không muốn ăn nữa".

スクリプト

(1)　男：カラオケ、行かない？
　　　女：わたし、あんまり上手じゃないから……。

(2)　男：これ、食べないの？
　　　女：おなかいっぱいじゃなければ、食べたいんだけど。

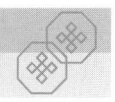

練習2-1

会話を聞いてください。女の人は何が言いたいですか。

(1) 1 テニスをするのは好きだ　　2 テニスをするのは好きではない
(2) 1 面白い　　2 面白くない
(3) 1 買う　　2 買わない
(4) 1 行く　　2 行かない
(5) 1 している　　2 していない
(6) 1 片付けてほしい　　2 片付けなくてもいい
(7) 1 コーヒーを飲みたい　　2 コーヒーを飲みたくない
(8) 1 おいしいから行く　　2 おいしいから行くのではない
(9) 1 買う　　2 買わない
(10) 1 行った　　2 行かなかった

例題2-2

状況説明文と質問文を聞いてから、選択肢を読んでください。それから話を聞いて、答えになるものに○、ならないものに×を書いてください。

1　ネクタイ　　　　（　　　）
2　お酒　　　　　　（　　　）
3　ジョギング用の靴　（　　　）
4　ジョギング用の服　（　　　）

2　答える文で言いたいこと（肯定的か否定的か）を考える

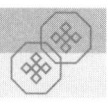

答え 1× 2× 3× 4○

選択肢の物が出てきた部分に注意して聞き、肯定しているか否定しているかを考えます。「着る物」と「靴」は「いいね」と言って肯定していますが、その中で「靴はサイズが難しい」と言って否定しているので、「着る物＝服」だけが答えになります。

Chú ý nghe những phần mà có sự xuất hiện những thứ có ở các phương án trả lời và suy nghĩ câu nói mang hàm ý khẳng định hay phủ định. Trong đó, "着る物" (đồ để mặc) và "靴" (giày) đều được nhận xét là "いいね" (Được đấy nhỉ!), hàm ý khẳng định, tuy nhiên cô gái nói tiếp là "靴はサイズが難しい" (Giày thì khó chọn cỡ), hàm ý phủ định. Vì vậy, chỉ có đáp án "着る物＝服" (đồ để mặc = quần áo) là đúng.

	＜プレゼント＞		＜話したこと＞
1	ネクタイ （否定）	←	ほとんどしなくて
2	お酒 （否定）	←	去年もそうだった
3	ジョギング用の靴 （否定）	←	靴はサイズが難しい
4	ジョギング用の服 （肯定）	←	いいね

スクリプト

女の人と男の人がお父さんへのプレゼントについて話しています。女の人は何をあげることにしましたか。

女：来週、うちの父の誕生日なんだけど、プレゼント、何がいいかなあ。
男：お父さんか。僕ならネクタイかな。
女：あー、うちの父、仕事に行くときもほとんどしなくて……。
男：そうか。じゃ、お酒とか？
女：お酒は喜んでくれると思うんだけど、でも、去年もそうだったしねえ。
男：そうなんだ。お父さん、何か趣味ないの？
女：あ、最近、ジョギングを始めたみたい。
男：じゃ、走るときにはく靴とか着る物なんていいんじゃない？
女：いいね。靴はサイズが難しいから……、うん、決めた。ありがとう！

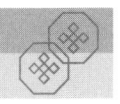

練習2-2

状況説明文と質問文を聞いてから、選択肢を読んでください。それから話を聞いて、答えになるものに○、ならないものに×を書いてください。

(1) B04
1　ピアノ　　　　　　（　　　）
2　ダンス　　　　　　（　　　）
3　水泳　　　　　　　（　　　）
4　ダイビング　　　　（　　　）

(2) B05
1　海で遊ぶため　　　　　（　　　）
2　観光するため　　　　　（　　　）
3　結婚式に出るため　　　（　　　）
4　買い物をするため　　　（　　　）

(3) B06
1　田中君に借りる　　　　　　（　　　）
2　加藤さんから受け取る　　　（　　　）
3　鈴木さんに借りる　　　　　（　　　）
4　田中君の弟のを使う　　　　（　　　）

(4) B07
1　切符が安いから　　　　　　　　（　　　）
2　すいているから　　　　　　　　（　　　）
3　ゲームをしたいから　　　　　　（　　　）
4　女の人と一緒にいたいから　　　（　　　）

(5) B08
1　医者に言われたから　　　　　　（　　　）
2　妻に言われたから　　　　　　　（　　　）
3　体が重いと動きにくいから　　　（　　　）
4　新しい服を買いたくないから　　（　　　）

2　答える文で言いたいこと（肯定的か否定的か）を考える —— 59

3 追加情報に注意する
Chú ý tới các thông tin bổ sung

相手の言ったことを一度認めた後で違う意見を言ったり、途中で情報を付け加えたりすることがあります。そのような時に使う次のような表現に注意しながら、話を最後まで聞いて答えを選びます。

Có những trường hợp sau khi công nhận điều mà người đối thoại đã nói thì đưa thêm ý kiến khác hay giữa chừng bổ sung thêm thông tin. Hãy vừa chú ý tới các cách diễn đạt được sử dụng vào những lúc như vậy dưới đây vừa nghe đến hết bài rồi chọn đáp án.

表現 Cách diễn đạt

・相手の意見を認めた後で、反対する意見や大切な情報を言う：

Sau khi công nhận ý kiến của người đối thoại thì đưa ra ý kiến phản bác hay một thông tin quan trọng:

　　　　それはそうだけど／そうなんだけど／うん。でも／たしかに～けど

・特に説明したいことを言う：

Nói điều mình đặc biệt muốn giải thích:

　　　　実は／それが／やっぱり／それより

☆ 例題3

状況説明文と質問文を聞いてから、選択肢を読んでください。それから話を聞いて、答えになるものに○、ならないものに×を書いてください。 🅑09

　　1　仕事で使うため　　　（　　　）
　　2　中国に行くため　　　（　　　）
　　3　友達と話すため　　　（　　　）
　　4　歌の意味を知るため　（　　　）

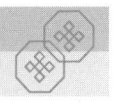

答え 1× 2× 3× 4○

「仕事」で「役に立つ」と言われて、女の人は「たしかに」「使えるぐらいになれればいい」と認めましたが、「単に趣味」なので、1は違います。2は「飛行機苦手」と言っているので違います。3の「友達」は「チャンスでもあればいいんですけど（＝チャンスがない）」と言っているので、いません。

Nói là "役に立つ" (có ích) trong "仕事" (công việc), người nữ đã thừa nhận là "たしかに", "使えるぐらいになれればいい" (Đúng là nếu có thể sử dụng được trong công việc thì thật tốt) nhưng vì "単に趣味" (chỉ đơn giản là sở thích) nên 1 là đáp án sai. Cô ấy cũng nói là "飛行機苦手" (không đi được máy bay) nên 2 cũng không phải là đáp án đúng. "友達" (bạn bè) thì "チャンスでもあればいいんですけど（＝チャンスがない）" (nếu có cơ hội thì tốt nhưng... = không có cơ hội) nên 3 cũng không phải là đáp án chính xác.

スクリプト

会社で男の人と女の人が話しています。女の人が中国語を勉強している目的は何ですか。

男：あれ？　松本さん、中国語、勉強してるの？

女：あ、ちょっとだけ……。

男：最近、うちの会社も中国の人と仕事をする機会が増えたし、これからは役に立つだろうね。中国語ができれば、旅行にも行けるし。

女：あー、わたし、飛行機苦手なんで……。まあたしかに仕事で使えるぐらいになれればいいでしょうけど、わたしの場合は、単に趣味で……。

男：へえ。中国人の友達でもできたの？

女：そういうチャンスでもあればいいんですけど。実は最近、中国のお土産でCDをもらったんですけど、それがすごくいいんです。音楽だけじゃなくて、意味を知りたいなって思って……。

3 追加情報に注意する

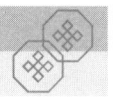

練習3

状況説明文と質問文を聞いてから、選択肢を読んでください。それから話を聞いて、答えになるものに○、ならないものに×を書いてください。

(1) 🎧B10
1　さくら　　　（　　　）
2　ローズ　　　（　　　）
3　ゆり　　　　（　　　）
4　リリー　　　（　　　）

(2) 🎧B11
1　料理がおいしかったこと　　　　　（　　　）
2　相手の人が素敵だったこと　　　　（　　　）
3　有名な歌手の歌が聞けたこと　　　（　　　）
4　友達が幸せそうだったこと　　　　（　　　）

(3) 🎧B12
1　少し歩きたいから　　　　　　（　　　）
2　ランチが割引になるから　　　（　　　）
3　コーヒーがおいしいから　　　（　　　）
4　雑誌が安く買えるから　　　　（　　　）

(4) 🎧B13
1　たくさん歩いて疲れたから　　　　　（　　　）
2　犬が歩こうとしなかったから　　　　（　　　）
3　犬がほかの犬とけんかしたから　　　（　　　）
4　おばあさんと言われたから　　　　　（　　　）

(5) 🎧B14
1　母親が作ったものを食べたくないから　　　（　　　）
2　友達が皆コンビニで買うから　　　　　　　（　　　）
3　弁当箱が大きすぎるから　　　　　　　　　（　　　）
4　コンビニ弁当の方がおいしいから　　　　　（　　　）

62　── 実力養成編　Ⅴ　「ポイント理解」のスキルを学ぶ

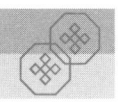

✻ 確認問題　Bài tập ứng dụng 🎧B15

まず質問を聞いてください。そのあと、せんたくしを見てください。読む時間があります。それから話を聞いて、1から4の中から、最もよいものを一つえらんでください。

(1) 🎧B16
1　引っ越し会社
2　水泳教室
3　英語教室
4　ホテル

(2) 🎧B17
1　市をきれいにするため
2　体を動かすため
3　外国人の友達を作るため
4　市のことを知るため

(3) 🎧B18
1　交通が便利な所だから
2　会社から泊まるお金がもらえないから
3　次の日に会社で仕事があるから
4　次の日に家の用事があるから

VI 「概要理解」のスキルを学ぶ
Rèn kỹ năng hiểu khái quát vấn đề

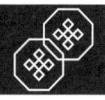

問題形式と内容　Nội dung và hình thức câu hỏi bài thi

まとまりのある話を聞いて、全体として言いたいことや話す人の意図などを理解します。話の前に質問はありません。

Nghe một câu chuyện hoàn chỉnh, ta sẽ hiểu được ý chung muốn nói hay ý đồ của người nói. Trước khi nghe bài không có câu hỏi trước.

状況説明文を聞く → 話を聞く → 質問文と選択肢を聞く → 答えを選ぶ

Nghe câu giải thích tình huống → Nghe câu chuyện → Nghe câu hỏi và các phương án trả lời → Chọn đáp án đúng

◇聞き取りのポイント　Các điểm chính cần nghe hiểu:

1　話題をつかみ、全体として言いたいことを理解する
2　前置きの表現を手がかりに、話す人の意図を考えながら聞く
3　意見や主張を話すときの話のパターンに慣れる

1. Nắm bắt được chủ đề, hiểu ý chung muốn nói;
2. Vừa nghe vừa suy nghĩ về ý đồ của người nói dựa vào những câu mở đầu;
3. Quen với kiểu nói chuyện khi đưa ra ý kiến hay chủ trương.

1 話題をつかみ、全体として言いたいことを考える
Nắm bắt vấn đề và suy nghĩ về ý chung mà người nói muốn đề cập

話を始めるとき、はじめに話題を知らせることがよくあるので、下のような表現に注意して、まず話題をつかみます。そして、内容を予想しながら、その後の話を聞いて、全体として言いたいことを考えます。

Thường người nói hay cho biết chủ đề trước khi vào câu chuyện nên ta hãy chú ý tới các cách diễn đạt dưới đây để trước tiên nắm bắt được chủ đề của câu chuyện. Sau đó hãy vừa dự đoán nội dung vừa nghe phần sau để hiểu ý chung mà người nói muốn đề cập.

表現　Cách diễn đạt

・話題を知らせる：　Thông báo chủ đề

　　　最近、～が増えています／よく～ています

　　　～(こと)があります／よく～(こと)があります

　　　～をご紹介します

　　　これは～です／ここは～です

　　　～を知っていますか／ご存じですか

★ 例題1

話を聞いて、①②③に答えてください。　🅑19

① 何の話ですか。
　1　いい石けん
　2　手作り石けん
　3　石けんに入っている物

② ①についてどんな話をしていますか。
　1　作る人が増えている
　2　安心して使える
　3　色と香りがよい

③ もう一度話を聞いてください。その後で質問に答えてください。　🅑19　🅑20

1	2	3

1　話題をつかみ、全体として言いたいことを考える —— 65

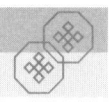

答え ①2　②1　③2

最初に「自分で石けんを作れる」と言っています。これが今から話したいことです。それについて、「手作りする方が増えている」と言って、それに続けて「理由を聞いてみると」「好きなようにでき」「材料を自分で選べるのがいい」と言っています。ですから、話全体で言いたいことは、石けんを手作りする理由です。

Đầu tiên người nữ nói "自分で石けんを作れる" (có thể tự làm xà phòng). Đây chính là điều mà bây giờ cô ấy muốn nói tới. Vẫn trong chủ đề này, cô ấy nói tiếp "手作りする方が増えている" (số người làm thủ công đang tăng lên), "理由を聞いてみると" (Khi thử hỏi về lý do), "好きなようにでき" (có thể làm bằng nguyên liệu mình thích), "材料を自分で選べるのがいい" (tự lựa chọn nguyên liệu thật tuyệt). Chính vì vậy, điều mà người nói muốn nói ở đây là nguyên nhân tự làm xà phòng.

スクリプト

ラジオで女の人が話しています。

女：皆さん、自分で石けんを作れるってご存じでしたか。最近、石けんを手作りする方が増えているそうです。理由を聞いてみると、色も香りも形も自分の好きなようにでき、特に、中に入れる材料を自分で選べるのがいいそうです。自然の物だけを選べば、アレルギーのある人も安心ですし、赤ちゃんにも使うことができます。一般的な石けんより値段は高くなりますが、それでも作りたいという人はおおぜいいるということです。

女の人は何について説明していますか。
1　手作り石けんの材料
2　石けんを手作りする理由
3　自分で石けんを作るときの注意

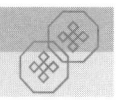

練習1

話を聞いて、①②③に答えてください。

(1) ① 何の話ですか。 🎧B21
    1　寒い季節の祭り
    2　珍しい祭り
    3　自然に関係する祭り

② ①についてどんな話をしていますか。
    1　多い
    2　短い
    3　冬にする

③ もう一度話を聞いてください。その後で質問に答えてください。 🎧B21 🎧B22

1	2	3

(2) ① 何の話ですか。 🎧B23
    1　りんごを毎日食べるダイエット
    2　運動するダイエット
    3　規則正しい生活をするダイエット

② ①について男の人はどんな話をしていますか。
    1　体によくない
    2　簡単にやせられる
    3　一緒にやれば楽しい

③ もう一度話を聞いてください。その後で質問に答えてください。 🎧B23 🎧B24

1	2	3

(3) ① 何の話ですか。🎧B25
　　　1　牧場
　　　2　牛
　　　3　牛乳

② ①についてどんな話をしていますか。
　　　1　3種類の牛の牛乳を比べられる
　　　2　茶色の牛が人気がある
　　　3　アイスクリームやチーズが食べられる

③ もう一度話を聞いてください。その後で質問に答えてください。🎧B25 🎧B26

| 1 | 2 | 3 |

(4) ① 何の話ですか。🎧B27
　　　1　流行しているファッション
　　　2　シャツとネクタイの組み合わせ
　　　3　ジーンズとTシャツの組み合わせ

② ①についてお姉さんはどんな話をしていますか。
　　　1　落ち着いた組み合わせの方がいい
　　　2　新しくて好きな組み合わせだ
　　　3　歌手みたいなファッションがいい

③ もう一度話を聞いてください。その後で質問に答えてください。🎧B27 🎧B28

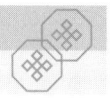

| 1 | 2 | 3 |

2 前置きの表現を手がかりにして意図を考える
Suy nghĩ về ý đồ của người nói căn cứ vào câu diễn đạt trước

何かを頼んだり謝ったりする前には、前置きの表現をよく使います。これらの表現は話し手の意図を考える手がかりになります。

Thường sử dụng các câu nói mào đầu trước khi nhờ vả hay xin lỗi điều gì đó. Các câu nói này chính là căn cứ để chúng ta suy nghĩ về ý đồ của người nói.

表現　Cách diễn đạt

・意図を知らせる：　Thông báo ý đồ

　　　　お願い／うかがいたいこと／質問／ご相談／お話　があるんですが

・話題を知らせる：　Thông báo chủ đề

　　　　〜のことなんですけど／〜なんだけど／〜んですが

・大切なことを言う：　Nói điều quan trọng

　　　　実は／それが

☆ 例題2

話を聞いて、①②③に答えてください。

① 話題は何ですか。 🎧B29

② もう一度話を聞いて、女の人の意図が具体的にわかる部分を聞き取って、書いてください。 🎧B29

③ 質問を聞いて、答えてください。 🎧B30

| 1 | 2 | 3 |

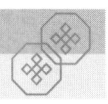

答え ①（山口さんに借りた）ノート　②「返しといてくれないかな」　③3

女の人は「お願いがある」と、来た意図を知らせてから、「このノート、昨日山口さんに借りたんだけど」と話題を示しています。この2つを手がかりにすると、「返しといてくれないかな」が女の人の具体的な意図で、選択肢では「ノートを預けに来た」があてはまります。

Sau khi người nữ thông báo ý đồ mình là "お願いがある" (có việc cần nhờ) thì cũng nêu luôn chủ đề "このノート、昨日山口さんに借りたんだけど" (Quyển vở này hôm qua tôi đã mượn anh Yamaguchi). Căn cứ vào 2 điều này có thể hiểu được "返しといてくれないかな" (Bạn có thể trả giúp mình được không?) chính là ý đồ cụ thể của người nữ và trong các phương án trả lời thì "ノートを預けに来た" (Tới để gửi quyển vở) là phù hợp.

スクリプト

女の人が友達のうちに来て話しています。

女1：突然来てごめんね。ちょっとお願いがあるんだけど、あした学校行くよね？

女2：うん、もちろん。何？

女1：えーと、このノート、昨日山口さんに借りたんだけど、返しといてくれないかな。実はいなかのおばあちゃんが病気になっちゃって。これからお見舞いに行くからあしたは休むんだ。

女2：え、そうなの？　大変だね。

女1：ごめんね。来週試験だし、ノート借りたままだと困ると思うから。

女の人は友達のうちに何をしに来ましたか。
1　お見舞いに来た
2　ノートを借りに来た
3　ノートを預けに来た

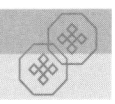

練習2

話を聞いて、①②③に答えてください。

(1) ① 話題は何ですか。 🎧B31

② もう一度話を聞いて、女の人の意図が具体的にわかる部分を聞き取って、書いてください。 🎧B31

③ 質問を聞いて、答えてください。 🎧B32

| 1 | 2 | 3 |

(2) ① 話題は何ですか。 🎧B33

② もう一度話を聞いて、男の人の意図が具体的にわかる部分を聞き取って、書いてください。 🎧B33

③ 質問を聞いて、答えてください。 🎧B34

| 1 | 2 | 3 |

(3) ① 話題は何ですか。 🎧B35

② もう一度話を聞いて、女の人の意図が具体的にわかる部分を聞き取って、書いてください。 🎧B35

③ 質問を聞いて、答えてください。 🎧B36

| 1 | 2 | 3 |

3 話のパターンを手がかりにして意見・主張を聞き取る
Căn cứ vào dạng câu chuyện để nghe ý kiến, chủ trương của người nói

自分の意見や主張などを述べるとき、一般的に言われていることやこれまでのことと比べながら話すことがあります。そのパターンを手がかりにして、意見・主張を聞き取ります。

Nhiều trường hợp khi bày tỏ ý kiến hay chủ trương của bản thân, người ta thường vừa nói chuyện vừa so sánh với sự việc nói chung hay với những điều đã gặp cho đến thời điểm hiện tại. Dạng câu chuyện như thế là căn cứ để ta nghe hiểu các ý kiến, chủ trương của người nói.

〈意見・主張を述べるパターンと表現〉

Các dạng nói chuyện và cách diễn đạt bày tỏ ý kiến, chủ trương

一般論・これまでの状況など	→	話す人の意見・主張など
Quan điểm phổ biến, tình huống đã gặp cho đến thời điểm hiện tại, v.v…		Ý kiến, chủ trương, v.v… của người nói

よく～／～と言われます	しかし	～のではないでしょうか
みんな／もちろん	～が／でも	～のです／～と思います
これまで～でした／ました	それより	これからは～／今後は～

☆ 例題3

話を聞いて、①②に答えてください。

① 話を聞いてください。男の人の意見はaとbのどちらに近いですか。 🎧B37

    a 社員にたくさん物を売ってもらいたい
    b お客様に喜んでもらいたい

② もう一度話を聞いてください。その後で質問に答えてください。 🎧B37 🎧B38

    1   2   3

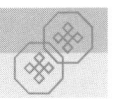

答え ① b ② 3

社長は「お金をもうけ(る)」ことは「もちろん大事」と認めていますが、「しかし」に続けてそれよりもっと大事なことを話しています。「ありがとうと言ってもらうこと」「喜んでもらうこと」を頑張ってほしいと言っています。

Giám đốc thừa nhận rằng việc "お金をもうけ(る)" (kiếm tiền) là "もちろん大事" (đương nhiên là quan trọng)" nhưng tiếp sau từ "しかし" (nhưng) ông ấy lại nói về thứ quan trọng hơn thế. Ông nói rằng ông muốn nhân viên cố gắng để "ありがとうと言ってもらうこと" (nhận được lời cảm ơn từ khách hàng), "喜んでもらうこと" (làm cho khách hàng vui mừng).

スクリプト
会社で社長が話しています。
男：会社はたくさん物を売ってお金をもうけることが、もちろん大事です。お客様に買ってもらわなければ、わたしたちはご飯を食べていけませんからね。しかし、お金だけでは、わたしたちの心は満たされません。お客様にありがとうと言ってもらうこと、喜んでもらうことが働く力になるのだと思います。お客様にそのような言葉をかけていただけるよう、皆さんも頑張ってください。

社長が言いたいことは何ですか。
1 たくさん物を買ってもらえるように頑張ってほしい
2 ご飯を食べていけるように頑張ってほしい
3 人に喜んでもらえるように頑張ってほしい

3 話のパターンを手がかりにして意見・主張を聞き取る

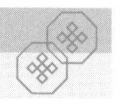

練習3

話を聞いて、①②に答えてください。

(1) ① 話を聞いてください。男の人の意見はaとbのどちらに近いですか。🎧B39

    a　おいしくて簡単な料理を教えたい
    b　料理に使う材料について教えたい

② もう一度話を聞いてください。その後で質問に答えてください。🎧B39 🎧B40

| 1 | 2 | 3 |

(2) ① 話を聞いてください。女の人の意見はaとbのどちらに近いですか。🎧B41

    a　いろいろな所を見てみたい
    b　1か所でゆっくり過ごしたい

② もう一度話を聞いてください。その後で質問に答えてください。🎧B41 🎧B42

| 1 | 2 | 3 |

(3) ① 話を聞いてください。男の人の意見はaとbのどちらに近いですか。🎧B43

    a　「みんな」という言葉は簡単に使えていい
    b　「みんな」という言葉は正しく使われていない

② もう一度話を聞いてください。その後で質問に答えてください。🎧B43 🎧B44

| 1 | 2 | 3 |

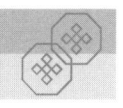

確認問題　Bài tập ứng dụng 🎧B45

この問題は、ぜんたいとしてどんなないようかを聞く問題です。話の前に質問はありません。まず話を聞いてください。それから質問とせんたくしを聞いて、1から4の中から、最もよいものを一つえらんでください。

(1) 🎧B46　| 1　　2　　3　　4 |

(2) 🎧B47　| 1　　2　　3　　4 |

3　話のパターンを手がかりにして意見・主張を聞き取る

模擬試験

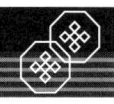

模擬試験

問題1

問題1では、まず質問を聞いてください。それから話を聞いて、問題用紙の1から4の中から、最もよいものを一つえらんでください。

1番

ア　たまご 　　イ　きゅうり 　　ウ　じゃがいも 　　エ　あぶら 　　オ　ハム

1　ア　イ　ウ
2　ア　イ　オ
3　ウ　エ
4　ウ　オ

2番

1

2

3

4

3番 🎧B51

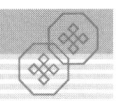

1　秋山さんのきがえをてつだう
2　秋山さんをさんぽにつれていく
3　もうふを外に持っていく
4　2ごうしつのベッドを動かす

4番 🎧B52

1　11時にあんないじょに行く
2　15時にあんないじょに行く
3　11時に会場に行く
4　15時に会場に行く

5番 🎧B53

1　おきゃくさまにプログラムをわたす
2　おきゃくさまをせきにあんないする
3　会場をじゅんびする
4　アンケート用紙を集める

6番 🎧B54

1　はこにしょうひんを入れる
2　はこにあてなシールをはる
3　はこのしょうひんをかくにんする
4　はこにサンプルを入れる

問題2

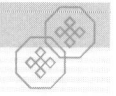

問題2では、まず質問を聞いてください。そのあと、問題用紙を見てください。読む時間があります。それから話を聞いて、問題用紙の1から4の中から、最もよいものを一つえらんでください。

1番

1 持ち歩きやすいこと
2 色がきれいなこと
3 長くとれること
4 水中で使えること

2番

1 さいふ
2 けいたい電話
3 電話代のはらいこみ用紙
4 電気代のはらいこみ用紙

3番

1 おかしの作り方を学ぶため
2 いろいろなおかしを食べるため
3 先生がかいたえを見るため
4 おかし工場にえをかざるため

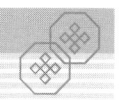

4番 B59
1 自分の会社を作る
2 日本の大学院に行く
3 海外の大学院に行く
4 父の仕事をてつだう

5番 B60
1 大きいなべを使う
2 時間をかけてゆっくりにる
3 できるだけていねいにまぜる
4 ひょうめんのあわをとる

6番 B61
1 仕事が楽だから
2 いろいろな国の話が聞けるから
3 英語のれんしゅうができるから
4 勉強を教えるのがすきだから

問題3 🎧B62

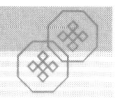

問題3では、問題用紙に何もいんさつされていません。この問題は、ぜんたいとしてどんなないようかを聞く問題です。話の前に質問はありません。まず話を聞いてください。それから、質問とせんたくしを聞いて、1から4の中から、最もよいものを一つえらんでください。

1番 🎧B63 | 1　　　2　　　3　　　4 |

2番 🎧B64 | 1　　　2　　　3　　　4 |

3番 🎧B65 | 1　　　2　　　3　　　4 |

問題4

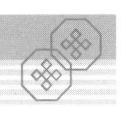

問題4では、えを見ながら質問を聞いてください。やじるし（→）の人は何と言いますか。1から3の中から、最もよいものを一つえらんでください。

1番　　1　　2　　3

2番　　1　　2　　3

模擬試験 —— 83

3番　1　　2　　3

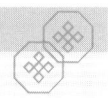

4番　1　　2　　3

84　模擬試験

問題5

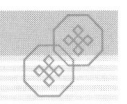

問題5では、問題用紙に何もいんさつされていません。まず文を聞いてください。それから、そのへんじを聞いて、1から3の中から、最もよいものを一つえらんでください。

1番　| 1　　　2　　　3 |

2番　| 1　　　2　　　3 |

3番　| 1　　　2　　　3 |

4番　| 1　　　2　　　3 |

5番　| 1　　　2　　　3 |

6番　| 1　　　2　　　3 |

7番　| 1　　　2　　　3 |

8番　| 1　　　2　　　3 |

9番　| 1　　　2　　　3 |

著者
中村かおり
　　拓殖大学外国語学部　准教授
福島佐知
　　拓殖大学別科日本語教育課程、亜細亜大学全学共通科目担当、
　　東京外国語大学世界教養プログラム　非常勤講師
友松悦子
　　地域日本語教室　主宰

翻訳監修
NGUYỄN VĂN HẢO（グエン・バン・ハオ）　ハノイ貿易大学日本語科長

翻訳
TRỊNH THỊ PHƯƠNG THẢO（チン・ティ・フオン・タオ）
　　ハノイ国家大学・外国大学・東洋言語文化学部　教師

イラスト　　　　　　　　　　　　CD吹き込み
山本和香　　　　　　　　　　　　岡本芳子
　　　　　　　　　　　　　　　　河井春香

装丁・本文デザイン　　　　　　　北大輔
糟谷一穂

新完全マスター聴解　日本語能力試験N3
ベトナム語版

2015年4月22日　初版第1刷発行
2022年7月5日　第6刷発行

著　者　中村かおり　福島佐知　友松悦子
発行者　藤嵜政子
発　行　株式会社スリーエーネットワーク
　　　　〒102-0083　東京都千代田区麹町3丁目4番
　　　　　　　　　　トラスティ麹町ビル2F
　　　　電話　営業　03(5275)2722
　　　　　　　編集　03(5275)2725
　　　　https://www.3anet.co.jp/
印　刷　萩原印刷株式会社

ISBN978-4-88319-710-1　C0081
落丁・乱丁本はお取替えいたします。
本書の全部または一部を無断で複写複製（コピー）することは著作権法
上での例外を除き、禁じられています。

■ 新完全マスターシリーズ

●新完全マスター漢字
日本語能力試験N1
　1,320円(税込)〔ISBN978-4-88319-546-6〕
日本語能力試験N2 (CD付)
　1,540円(税込)〔ISBN978-4-88319-547-3〕
日本語能力試験N3
　1,320円(税込)〔ISBN978-4-88319-688-3〕
日本語能力試験N3 ベトナム語版
　1,320円(税込)〔ISBN978-4-88319-711-8〕
日本語能力試験N4
　1,320円(税込)〔ISBN978-4-88319-780-4〕

●新完全マスター語彙
日本語能力試験N1
　1,320円(税込)〔ISBN978-4-88319-573-2〕
日本語能力試験N2
　1,320円(税込)〔ISBN978-4-88319-574-9〕
日本語能力試験N3
　1,320円(税込)〔ISBN978-4-88319-743-9〕
日本語能力試験N3 ベトナム語版
　1,320円(税込)〔ISBN978-4-88319-765-1〕
日本語能力試験N4
　1,320円(税込)〔ISBN978-4-88319-848-1〕

●新完全マスター読解
日本語能力試験N1
　1,540円(税込)〔ISBN978-4-88319-571-8〕
日本語能力試験N2
　1,540円(税込)〔ISBN978-4-88319-572-5〕
日本語能力試験N3
　1,540円(税込)〔ISBN978-4-88319-671-5〕
日本語能力試験N3 ベトナム語版
　1,540円(税込)〔ISBN978-4-88319-722-4〕
日本語能力試験N4
　1,320円(税込)〔ISBN978-4-88319-764-4〕

●新完全マスター単語
日本語能力試験N1 重要2200語
　1,760円(税込)〔ISBN978-4-88319-805-4〕
日本語能力試験N2 重要2200語
　1,760円(税込)〔ISBN978-4-88319-762-0〕

改訂版　日本語能力試験N3 重要1800語
　1,760円(税込)〔ISBN978-4-88319-887-0〕
日本語能力試験N4 重要1000語
　1,760円(税込)〔ISBN978-4-88319-905-1〕

●新完全マスター文法
日本語能力試験N1
　1,320円(税込)〔ISBN978-4-88319-564-0〕
日本語能力試験N2
　1,320円(税込)〔ISBN978-4-88319-565-7〕
日本語能力試験N3
　1,320円(税込)〔ISBN978-4-88319-610-4〕
日本語能力試験N3 ベトナム語版
　1,320円(税込)〔ISBN978-4-88319-717-0〕
日本語能力試験N4
　1,320円(税込)〔ISBN978-4-88319-694-4〕
日本語能力試験N4 ベトナム語版
　1,320円(税込)〔ISBN978-4-88319-725-5〕

●新完全マスター聴解
日本語能力試験N1 (CD付)
　1,760円(税込)〔ISBN978-4-88319-566-4〕
日本語能力試験N2 (CD付)
　1,760円(税込)〔ISBN978-4-88319-567-1〕
日本語能力試験N3 (CD付)
　1,650円(税込)〔ISBN978-4-88319-609-8〕
日本語能力試験N3 ベトナム語版 (CD付)
　1,650円(税込)〔ISBN978-4-88319-710-1〕
日本語能力試験N4 (CD付)
　1,650円(税込)〔ISBN978-4-88319-763-7〕

■読解攻略！
日本語能力試験 N1 レベル
　1,540円(税込)〔ISBN978-4-88319-706-4〕

■ 日本語能力試験模擬テスト
CD付　各冊990円(税込)

●日本語能力試験N1 模擬テスト
〈1〉〔ISBN978-4-88319-556-5〕
〈2〉〔ISBN978-4-88319-575-6〕
〈3〉〔ISBN978-4-88319-631-9〕
〈4〉〔ISBN978-4-88319-652-4〕

●日本語能力試験N2 模擬テスト
〈1〉〔ISBN978-4-88319-557-2〕
〈2〉〔ISBN978-4-88319-576-3〕
〈3〉〔ISBN978-4-88319-632-6〕
〈4〉〔ISBN978-4-88319-653-1〕

●日本語能力試験N3 模擬テスト
〈1〉〔ISBN978-4-88319-841-2〕
〈2〉〔ISBN978-4-88319-843-6〕

●日本語能力試験N4 模擬テスト
〈1〉〔ISBN978-4-88319-885-6〕
〈2〉〔ISBN978-4-88319-886-3〕

スリーエーネットワーク

ウェブサイトで新刊や日本語セミナーをご案内しております。
https://www.3anet.co.jp/

新完全マスター 聴解
日本語能力試験 N3
ベトナム語版

別冊(べっさつ)

解答(かいとう)とスクリプト

- I 音声(おんせい)の特徴(とくちょう)に慣(な)れる 2
- II 「発話表現(はつわひょうげん)」のスキルを学(まな)ぶ..............5
- III 「即時応答(そくじおうとう)」のスキルを学(まな)ぶ............10
- IV 「課題理解(かだいりかい)」のスキルを学(まな)ぶ............15
- V 「ポイント理解(りかい)」のスキルを学(まな)ぶ.....22
- VI 「概要理解(がいようりかい)」のスキルを学(まな)ぶ............30
- 模擬試験(もぎしけん) 37

スリーエーネットワーク

I 音声の特徴に慣れる

練習1-A　※○が答え

(例) 天気　（a 電気　ⓑ 天気　c 元気）
(1) 音　（ⓐ 音　b 夫　c 元）
(2) 時計　（a 統計　ⓑ 時計　c 峠）
(3) 以内　（a 以来　ⓑ 以内　c 以外）
(4) 数　（a 勝つ　ⓑ 数　c ガス）
(5) 作家　（a 雑貨　b 坂　ⓒ 作家）
(6) 銀色　（a 金色　b 黄色　ⓒ 銀色）
(7) パンダ　（a バター　ⓑ パンダ　c 肌）
(8) カード　（a 角　b カット　ⓒ カード）
(9) 将来　（ⓐ 将来　b 町内　c 場内）
(10) 知っている　（a している　b 敷いている　ⓒ 知っている）

練習1-B　※答えは( )の中

(例) これから美容院へ行きます。（a）
(1) すみません、コピー、お願いします。（b）
(2) 最近、田中さんに会いました。（b）
(3) これは今でないとできません。（a）
(4) あればいいと思います。（a）
(5) 早く変えたほうがいいですよ。（b）
(6) この服、ちょうどいいですね。（b）
(7) この映画はもう一度見た。（a）
(8) ねえ、これは買ったの？（a）
(9) みんな来るまで待ちましょう。（b）
(10) あともう少し、できますよ。（a）

練習1-C　※答えは( )の中

(1) 男：ここにはどのぐらい魚がいるんですか。
　　女：100匹ぐらいですね。（b）

(2) 男：いつが空いていますか。
　　女：8日か9日なら大丈夫です。（a）
(3) 女：そろそろ出ないといけないかな。
　　男：まだ35分だよ。（b）
(4) 女：この大学にはどのぐらい留学生がいるんですか。
　　男：全体の11.1パーセントです。（a）
(5) 男：ずいぶん待つんですね。
　　女：ええ、もう7、8分ですよ。（a）
(6) 女：古い建物ね。いつごろ建てられたのかな。
　　男：1017年だそうですよ。（a）
(7) 女：どう、どの辺まで読んだ？
　　男：やっと3分の2まで行ったよ。（a）
(8) 男：全部で何点取れた？
　　女：3百5、60点かな。（b）
(9) 女：どのぐらい本読む？
　　男：そうだな、1か月に3冊ぐらいかな。（b）
(10) 男：何人ぐらい集まるんですか。
　　女：約50人です。（a）

練習2-1　※答えは（　）の中

(例) この本、読んでる？（b　読んでいる）
(1) 今日は行かなくちゃ。（a　行かなくてはならない）
(2) 昼ご飯、食べてくね。（a　食べていく）
(3) 水、持ってった？（a　持っていった）
(4) 切符、なくしちゃったよ。（b　なくしてしまった）
(5) かばん、持つって言ったんだよ。（b　持つと言った）

練習2-2　※答えは（　）の中

(例) カメラ、持ってるよ。（持っている）
(1) あ、そろそろ帰らなきゃ。（帰らなければ）
(2) うち、寄ってく？（寄っていく）

(3) ここに捨てちゃだめだよ。(捨てては)
(4) 先生の話、ちゃんと聞いてた？(聞いていた)
(5) 先に食べちゃうね。(食べてしまう)
(6) 店、もう開いてるよ。(開いている)
(7) 飲み物、買ってかない？(買っていかない)
(8) さっきそっちに入れといたんだけど。(そちらに入れておいた)
(9) DVDなら、田中さんが持ってったよ。(持っていった)
(10) ずっと同じのばっかり見てるね。(ばかり見ている)

練習3

答え (1)× (2)— (3)× (4)— (5)× (6)× (7)— (8)— (9)× (10)×

(1) 男：スポーツ大会、出てみたらどうですか。
　　女：うーん、そうだねえ。
(2) 男：あした、10時にお電話しましょうか。
　　女：あ、10時ですね。
(3) 男：こっちの方がいいですよ。
　　女：そうですかあ？
(4) 男：駅前の店にしませんか。
　　女：ああ、あの店ね。
(5) 男：ここ、寒いよね。
　　女：え？　寒い？
(6) 男：ね、もう出ようよ。
　　女：えー、もう？
(7) 男：こちら、いかがですか。
　　女：うん、5,000円か。
(8) 男：一緒に歌おうよ。
　　女：うん、いいよ。
(9) 男：運動したほうがいいね。
　　女：あー、運動ねえ。
(10) 男：金曜日の夜に行かない？
　　女：うーん、金曜日かー。

I　音声の特徴に慣れる

Ⅱ 「発話表現」のスキルを学ぶ

練習1　※答えは（　）の中

(1) 漢字の読み方を友達に教えてもらいたいです。（友達）
(2) 友達のうちのトイレを使いたいです。（話す人）
(3) 食堂で隣の席の人にしょうゆを取ってほしいです。（隣の席の人）
(4) 商品の説明がわからなかったので、店の人にもう一度説明してもらいたいです。（店の人）
(5) きれいな着物を着ている人の写真を撮りたいです。（話す人）
(6) 机を動かすので、近くの人に手伝ってほしいです。（近くの人）
(7) 図書館で日本の歴史について調べたいです。（話す人）

練習2-A　※答えは（　）の中

(1) 友達の隣の席に荷物を置きたいです。何と言いますか。
　　1　荷物、そこに置いてもいい？（○）
　　2　荷物、そこに置いたらどう？（×）
　　3　荷物、そこに置かせてもらえる？（○）
(2) 先輩にレポートを見てもらいたいです。何と言いますか。
　　1　レポートをチェックしてもいいですか。（×）
　　2　レポートをチェックしてくれませんか。（○）
　　3　レポートをチェックしたいんですが。（×）
(3) コンビニで英語の新聞を買いたいです。店員に何と言いますか。
　　1　あの、英語の新聞、ありますか。（○）
　　2　あの、英語の新聞、買えばいいですか。（×）
　　3　あの、英語の新聞、買っていただけませんか。（×）
(4) 駅までの道がわかりません。何と言いますか。
　　1　駅までの道を教えていただきたいんですが。（○）
　　2　駅に行ったらどうですか。（×）
　　3　駅にはどう行けばいいでしょうか。（○）
(5) 病院に一緒に行ってほしいので、友達に頼みます。何と言いますか。
　　1　一緒に病院に行ってもいい？（×）

2　一緒に病院に行ってもらえない？（○）

　　　3　一緒に病院に行かせてくれない？（×）

(6) 一人では全部できません。友達に何と言いますか。

　　　1　ちょっと手伝ってもらえないかな？（○）

　　　2　何を手伝ったらいいかな？（×）

　　　3　ちょっと手伝いましょうか。（×）

(7) 相手の名前の漢字が読めません。何と言いますか。

　　　1　お名前、読んでもよろしいでしょうか。（×）

　　　2　お名前、どう読めばいいでしょうか。（○）

　　　3　お名前の読み方、教えていただけませんか。（○）

(8) 会社の車を使いたいです。何と言いますか。

　　　1　車、使ってくださいませんか。（×）

　　　2　車、使わせていただきたいんですけど。（○）

　　　3　車、使ったらいいでしょうか。（×）

練習2-B　※答えは（　）の中

(1) 友達のメールアドレスを知りたいです。何と言いますか。

　　　1　メールアドレス、教えてもらえない？（○）

　　　2　メールアドレス、聞いてくれない？（×）

　　　3　メールアドレス、聞いてもいい？（○）

(2) 会議室のかぎを使いたいです。受付の人に何と言いますか。

　　　1　会議室のかぎを借りていただきたいんですが。（×）

　　　2　会議室のかぎを貸してくださいますか。（○）

　　　3　会議室のかぎを貸したいんですけど。（×）

(3) 店でケースに入った時計を近くで見たいです。店員に何と言いますか。

　　　1　この時計、見せてもいいですか。（×）

　　　2　この時計、見てもらいたいんですが。（×）

　　　3　この時計、見せていただけますか。（○）

(4) 留守の間、猫の世話を友達に頼みます。何と言いますか。

　　　1　猫、預かるよ。（×）

　　　2　猫、預かってもらえる？（○）

3 猫、預けてくれない？（×）
(5) 店で商品のパンフレットがほしいです。何と言いますか。

1 パンフレットをもらってもいいですか。（○）

2 パンフレットをいただけますか。（○）

3 パンフレットをもらってくださいませんか。（×）

(6) 友達の辞書を使いたいです。何と言いますか。

1 辞書、借りてくれない？（×）

2 辞書、貸してもいい？（×）

3 辞書、貸してもらえる？（○）

(7) わからないところを先生に質問します。何と言いますか。

1 ここ、聞いていただきたいんですけど。（×）

2 ここ、教えてもよろしいでしょうか。（×）

3 ここ、教えていただけませんか。（○）

(8) 大学で隣の席の人に教科書を見せてもらいます。何と言いますか。

1 あの、教科書、見せてくれませんか。（○）

2 あの、教科書、見せてもいいでしょうか。（×）

3 あの、教科書、見てほしいんですけど。（×）

練習3 ※○が答え

(1) 教室の窓が開きません。何と言いますか。

1 窓を開けてもよろしいでしょうか。

② この窓、開かないんですが。

3 この窓、開けませんか。

(2) 会社でほかの人がたくさん荷物を持っています。何と言いますか。

1 荷物、持ってあげますか。

2 荷物、持ったらいいですか。

③ 荷物、持ちましょうか。

(3) 友達のシャツがソースで汚れています。何と言いますか。

① シャツにソースがついていますよ。

2 ソースはそこにありますよ。

3 シャツにソースがつきますよ。

(4) レストランで自分のスプーンが落ちました。店の人に何と言いますか。

   1　スプーン、落ちましたよ。

   ②　スプーン、落としちゃったんですが。

   3　スプーン、持ってきてもいいですか。

(5) 会社でほかの人の仕事を手伝います。何と言いますか。

   1　手伝っていただきます。

   ②　お手伝いしますよ。

   3　お手伝いしませんか。

(6) 電車の中にかばんを忘れました。駅員に何と言いますか。

   1　電車の中にかばんを忘れていますよ。

   2　電車の中にかばんがありますか。

   ③　電車の中に忘れ物をしたんですけど。

(7) 今日は図書館は休みです。図書館に行こうとしている友達に何と言いますか。

   ①　今日は図書館は閉まってるよ。

   2　今日は図書館で休んでるよ。

   3　図書館、閉まると思うよ。

(8) 前を歩いている人の手袋を拾いました。何と言いますか。

   1　これは手袋ですよ。

   ②　手袋、落としましたよ。

   3　手袋、拾ったらどうですか。

練習4　※○が答え

(1) 会社で先輩より先に帰ります。何と言いますか。

   ①　お先に失礼します。

   2　おじゃまします。

   3　お世話になりました。

(2) 会社で部長に話したいことがあります。何と言いますか。

   1　ごめんください。

   ②　ちょっとよろしいですか。

   3　お世話になります。

(3) 風邪を引いた人が早く帰ります。その人に何と言いますか。

① お大事に。
2 お元気で。
3 お先に。

(4) 先生に久しぶりに会いました。何と言いますか。
1 お待たせしました。
2 失礼いたしました。
③ ごぶさたしております。

(5) お客さんに席を勧めます。何と言いますか。
1 お口に合うかどうか。
2 お出かけください。
③ おかけください。

(6) 先生に今から話せるかどうか聞きます。何と言いますか。
1 お話をしたいでしょうか。
② お時間ありますか。
3 何か問題がありますか。

(7) 社長室に入ります。何と言いますか。
① 失礼します。
2 ごめんください。
3 うかがいます。

(8) 会社の人があしたから出張に行きます。何と言いますか。
1 行ってきます。
② お気をつけて。
3 お元気で。

確認問題

答え (1) 2　(2) 3

(1) 先生に推薦状を書いてもらいたいです。何と言いますか。
　　女：1 推薦状を書いてもいいですか。
　　　　2 推薦状を書いていただけませんか。
　　　　3 推薦状をお書きしましょうか。

Ⅱ 「発話表現」のスキルを学ぶ ― 9

(2) 友達がかさがなくて困っているようです。何と言いますか。

女： 1　かさ、借りてくれない？
　　 2　かさ、貸したらどう？
　　 3　かさ、貸そうか。

Ⅲ　「即時応答」のスキルを学ぶ

練習1-A　※○が答え

(例)　女：これ、召し上がりませんか。
　　　男：ⓐ　はい、いただきます。
　　　　　b　はい、まいります。
　　　　　c　はい、うかがいます。

(1) 男：土曜日、よかったらうちにいらっしゃいませんか。
　　女：a　はい、喜んで行かせます。
　　　　ⓑ　はい、喜んでうかがいます。
　　　　c　はい、喜んでいただきます。

(2) 女：申込書の書き方はこれでいいでしょうか。
　　男：ⓐ　じゃ、ちょっと拝見しますね。
　　　　b　じゃ、ちょっとご覧になってください。
　　　　c　じゃ、ちょっとお目にかかりましょう。

(3) 女：これ、1枚もらってもいいですか。
　　男：ⓐ　ご自由にお取りください。
　　　　b　いつでもいただきますよ。
　　　　c　どなたでもくださいますよ。

(4) 女：すみません。よく聞き取れなかったのですが……。
　　男：ⓐ　では、もう一度ご説明いたします。
　　　　b　では、もう一度ご説明なさいます。
　　　　c　では、もう一度ご説明になります。

(5) 男：あの、何かご用でしょうか。
　　女：a　田中さんを拝見したいのですが。
　　　　b　田中さんにお会いになるのですが。

ⓒ　田中さんにお目にかかりたいのですが。
(6)　女：パソコン、使わせていただきたいんですが。
　　　男：a　あちらのを使わせていただけませんか。
　　　　　ⓑ　あちらのをお使いください。
　　　　　c　あちらのを使われますよ。
(7)　男：あの、お客様、ご予約はされましたか。
　　　女：a　いえ、されていませんが。
　　　　　ⓑ　ええ、昨日、電話いたしました。
　　　　　c　ええ、お電話でなさいましたが。
(8)　男：今朝の新聞、お読みになりましたか。
　　　女：ⓐ　いいえ、読んでいませんが。
　　　　　b　いえ、お読みしませんでした。
　　　　　c　いえ、拝見したいんですが。
(9)　女：どなたがいらっしゃったんですか。
　　　男：a　京都におりました。
　　　　　b　昨日おいでになりました。
　　　　　ⓒ　うちの父がまいりました。
(10) 女：何名様ですか。
　　　男：ⓐ　4人です。
　　　　　b　田中と申します。
　　　　　c　いえ、鈴木です。

練習1-B　※○が答え

(例)　女：この本、よかったですよ。読みますか。
　　　男：a　ええ、読みましょう。
　　　　　ⓑ　はい、読みます。
(1)　男：もう3時ですね。そろそろ行きませんか。
　　　女：a　いいえ、行きますよ。
　　　　　ⓑ　ええ、行きましょう。
(2)　女：暑くないですか。エアコン、つけましょうか。
　　　男：ⓐ　ええ、つけてください。

   　　　 b　ええ、つけませんか。
(3) 男：あ、薬を飲まれるなら、水をお持ちしましょう。
   　女：ⓐ　すみません。お願いします。
   　　　 b　ええ、持ちますよ。
(4) 女：今度の会議で司会をしませんか。
   　男：ⓐ　はい、させていただきます。
   　　　 b　ええ、させませんよ。
(5) 男：今年の夏の旅行はどこがいいでしょうか。
   　女：ⓐ　今年も富士山にしましょうか。
   　　　 b　今年も富士山にします。
(6) 女：このDVD、面白かったから、よかったら見てみない？
   　男：ⓐ　ありがとう、見てみるね。
   　　　 b　ありがとう、見てみようね。
(7) 男：ごみ、捨てに行くけど、ついでにこれも捨ててこようか。
   　女：ⓐ　うん、お願い。
   　　　 b　うん、捨てるよ。
(8) 女：田中君。テニス部に入ったのね。面白い？
   　男：ⓐ　うん、佐藤さんも入らない？
   　　　 b　うん、佐藤さんも入ろうか。

練習2-A　※○が答え

(1) 女：あした、来ないの？
   　男：a　へえ、ないんだ。
   　　　 ⓑ　ううん、行くよ。
(2) 男：これ、冷蔵庫に入れておかないと。
   　女：a　うん、入れてないよ。
   　　　 ⓑ　うん、入れとくよ。
(3) 女：大切だから、書いといて。
   　男：ⓐ　わかった。メモするよ。
   　　　 b　ふーん、そうか。
(4) 男：あの店、火曜日は休みだって。

12　── Ⅲ　「即時応答」のスキルを学ぶ

女：ⓐ　そうなんだ。じゃ、あした行こう。
　　　b　ありがとう。ゆっくり休むよ。
(5) 女：もう少し前の方に座ったらどう？
　　男：a　じゃ、座ってみたらいいよ。
　　　　ⓑ　いや、ここで大丈夫だよ。
(6) 女：忘れずに名前を書くようにね。
　　男：ⓐ　はい、わかりました。
　　　　b　ええ、そのようですね。
(7) 女：「かるた」って何か知ってる？
　　男：ⓐ　うん、テレビで見たことある。
　　　　b　ああ、そうなんだ。
(8) 男：なんで昨日、来なかったの？
　　女：a　電車で来たんだよ。
　　　　ⓑ　おなかが痛かったんだ。
(9) 女：お子さん、おいくつですか。
　　男：ⓐ　来月8歳になります。
　　　　b　男の子が3人です。
(10) 女：先生、何て言ってた？
　　男：ⓐ　休んじゃだめだって。
　　　　b　忙しいんだね。

練習2-B　※○が答え

(1) 女：ごぶさたしております。お元気ですか。
　　男：ⓐ　ええ、おかげさまで。
　　　　b　ええ、おかまいなく。
(2) 男：あの、今ちょっとよろしいでしょうか。
　　女：a　ええ、どういたしまして。
　　　　ⓑ　ええ、何でしょうか。
(3) 女：お先に失礼します。
　　男：a　お元気で。
　　　　ⓑ　お疲れ様でした。

Ⅲ 「即時応答」のスキルを学ぶ ― 13

(4) 男：冷たいお飲み物でもいかがですか。

　　女：ⓐ　いただきます。

　　　　 b　おじゃまします。

(5) 女：いろいろお世話になりました。

　　男：a　どうもお待たせしました。

　　　　ⓑ　またいらっしゃってください。

練習3　※○が答え

(1) 男：映画でも見ない？

　　女：a　えー、どうして見てないの？

　　　　ⓑ　いいよ。ちょうど見たいのがあるんだ。

(2) 女：もう佐々木さんに連絡した？

　　男：a　へえ、もうしたんだ。

　　　　ⓑ　あー、今日は一日忙しかったんだ。

(3) 男：レポート、もう書けた？

　　女：ⓐ　あと4分の1ぐらいかな。

　　　　 b　え、早いねえ。

(4) 女：ね、かさ、持ってったら？

　　男：a　え？　持っていっちゃったの？

　　　　ⓑ　いいよ。今日は降りそうもないよ。

(5) 男：あしたのパーティー、僕も出席しなくちゃいけない？

　　女：ⓐ　できればそうしてほしいな。

　　　　 b　行けなくなったんだってね。

(6) 男：これ、ちょっと貸してくれる？

　　女：ⓐ　すぐ返してね。

　　　　 b　いいの？　じゃ、遠慮なく。

(7) 女：お茶、いれようか。

　　男：a　はい、おかげさまで。

　　　　ⓑ　あー、さっき飲んだところ。

(8) 男：あの、これ、使わせてもらいたいんだけど。

　　女：ⓐ　ごめん。これ、友達のなんだ。

　　　　ⓑ　あ、じゃ、使ってみるね。
(9)　女：今度のスポーツ大会、出るの？
　　　男：ⓐ　へえ、体に気をつけて頑張ってね。
　　　　　ⓑ　参加したいんだけど、用事があるんだ。
(10)　女：駅前のレストラン、行ってみない？
　　　男：ⓐ　行ってみなかったんだよ。
　　　　　ⓑ　いいね。ピザがおいしいんだってね。

✦ 確認問題

答え (1) 2　(2) 1　(3) 1

(1)　男：ちょっと手伝ってほしいんだけど。
　　　女：1　ありがとう。早く終わったよ。
　　　　　2　ちょっと後でもいい？
　　　　　3　そうだったんだ。残念だね。
(2)　女：子供が熱出しちゃって……。
　　　男：1　それはご心配ですね。
　　　　　2　それは心配いたしましたよ。
　　　　　3　それは心配をおかけしましたね。
(3)　女：来週の試験に出るところ、教えていただけませんか。
　　　男：1　8課から勉強したところまでですよ。
　　　　　2　いつもの教室に行けばいいでしょうか。
　　　　　3　11時半には出たいんですけど……。

Ⅳ 「課題理解」のスキルを学ぶ

練習1-1

答え (1)入れない　(2)並べる　(3)片付けない　(4)連絡する　(5)持っていかない

(1)　男：手袋、絶対必要だよ。
　　　女：うん、さっきかばんに入れておいた。
(2)　女：いす、並べておいたほうがいいかな。
　　　男：そうだね。

(3) 女：これ、片付けましょうか。
　　男：あ、そのままにしておいて。
(4) 男：田中さんに連絡しておいてもらえる？
　　女：うん、そうする。
(5) 男：風邪薬も持ってく？
　　女：うーん、それはいいよ。

練習1-2

答え (1)洗う　(2)あげない　(3)運ばない　(4)誘う　(5)つけない

(1) 男：これ、洗ったほうがいいかな。
　　女：ああ、そうしたほうがいいんじゃない？
(2) 男：田中さんに、ネクタイ、プレゼントしない？
　　女：別の物の方がいいんじゃない？
(3) 男：これ、どこかに運んだほうがいいよね。
　　女：あー、それは大丈夫なんじゃない？
(4) 男：あしたのパーティー、佐藤さんも誘ってみる？
　　女：ああ、誘ってみたらいいんじゃないかな。
(5) 男：エアコン、つけようか。
　　女：そんなに寒くないんじゃないの？

ステップアップ問題1

(1) **答え** 3

女の人と男の人が家で旅行の準備をしています。女の人はこの後何をかばんに入れますか。

女：久しぶりの旅行、楽しみね。ね、カメラは？
男：もうかばんに入ってるよ。だけど、電池がまだだから、後で忘れずに入れないと。
女：あ、わたしの引き出しにあるから、入れておくね。あ、水着も入れなくちゃ。
男：僕もさっき入れたところ。あとは、着替え、入れないとな。
女：わたしのは入れたんだけど。それから帽子も忘れないほうがいいよ。わたしは一番最初に入れたんだ。あ、ビデオ、忘れてた。
男：カメラがあるから、それはいいんじゃない？　それに水の中じゃ使えないよ。

女：ああ、そうだね。

(2) 答え 4

男の学生と先生が発表の準備をしています。男の学生はどのように机を並べますか。

学生：発表の時の席なんですけど、授業の時と同じように、横に3列並べておいていいでしょうか。

先生：うーん、そうですねえ。後で話し合いがあるので、横じゃないほうがいいかもしれませんね。前の時は四角に並べたんですけど、角の人が見にくそうだったので、今回は丸にしておきますか。

学生：そうすると、発表する人の方を見にくい人がいるんじゃないかと思いますが。

先生：そうですね。じゃ、前の方だけ並べないでおきましょう。

学生：わかりました。

(3) 答え 1

男の人と女の人がバーベキューの準備について話しています。男の人は何を準備しますか。

男：そろそろバーベキューの準備、考えないといけませんね。

女：そうですね。まず道具を借りないと。あしたバーベキュー場に電話して頼んでおきましょうか。

男：あ、うちにおおぜいで使えるのがあるんです。古いのでよかったら……。

女：じゃ、お願いしてもいいですか。それから、コップやお皿は……。

男：ああ、それもキャンプ用のがありますよ。でも、何人来るんでしょうか。

女：全部で20人ぐらいです。

男：それじゃ、全然足りないなあ。

女：洗うのも大変なので、紙皿と紙コップにしませんか。食べ物と飲み物を買うときに、ついでに用意しますね。

(4) 答え 1

先生が学生にあしたの工場見学について話しています。学生はあした、何を持っていかなければなりませんか。

男：えー、あしたの自動車工場の見学ですが、工場の人にインタビューをして、後でま

とめます。自分たちで考えた質問の紙を忘れないようにしてください。もちろんペンもね。それから、お菓子や飲み物などを持っていこうと思っているかもしれませんが、工場の中では食べたり飲んだりできません。食べられるのはバスの中だけなので、持っていきたい人はかばんに入れて、バスの中に置いておいてください。お弁当とお茶は学校で用意します。

(5) **答え** 2

温泉の受付で男の人が係の人と話しています。男の人は受付でいくら払いますか。

男：すみません。大人1人、お願いします。

女：はい。700円です。えーと、学生さんですか。学生証をお持ちでしたら、500円になりますが。

男：あー、今日は持ってきてないんです。

女：そうですか。それから、タオルが必要でしたら、100円、お願いします。

男：タオルはあります。

女：あ、そうですか。それと、中に入ってからロッカーを使うときは、100円を入れてください。使った後で戻ってきますので、忘れずにお取りください。

男：わかりました。

練習2

(1) **答え** 2

男の人と女の人がパーティーの後で話しています。男の人はこの後まず何をしますか。

男：今日のパーティー、楽しかったですね。さて、後片付け、しましょうか。僕、いす、片付けますね。

女：わたし、お皿を洗いますから、先に使ったお皿を運ぶの、手伝ってくれますか。その後でテーブルもふかないと。

男：わかりました。ごみはどうしましょうか。

女：缶やペットボトルを分けないといけないので、最後に2人で分けて、外に運びましょう。

男：じゃ、さっそくやりましょう。

(2) 答え 3

A40 会社で男の人と女の人が話しています。女の人はこの後すぐ何をしますか。

男：じゃ、これから岡田電気に行ってきます。3時頃には戻ると思うけど、もしいない間に、今度の仕事のことで松下さんがいらっしゃったら、この書類、渡しておいてもらえるかな。松下さんには連絡してあるから。

女：はい。これをお渡しするだけでいいんですね。

男：あ、これ、コピー取っておくの忘れてた。悪いんだけど、すぐに1部取って、僕の机の上に置いておいてくれる？

女：わかりました。

男：来週の会議の資料は今週中に頼むよ。

女：はい。

(3) 答え 2

A41 女の人がカードの作り方について説明しています。このグループの人たちは、これからまず何をしますか。

女：今日は、誕生日や記念日などに送るカードを作りたいと思います。カードの色は赤、白、黒、緑、青と黄色の6色あります。このカードにはる写真や絵を持ってきてくださいとお願いしましたが、皆さん、お持ちですか。では、最初にその写真や絵に合う色のカードを1枚選んでください。それに写真や絵をはりましょう。それから、こちらのペンを使って、あいさつの言葉を書きます。最後にこちらのテープやシール、スタンプなどで飾りをつけます。どれでも好きなのを使ってください。

(4) 答え 2

A42 うちで夫と妻が話しています。夫はこれからまず何をしますか。

男：ちょっと、コンビニに行って、たばこ買ってくるよ。

女：あ、その前にミケにご飯やってくれる？　さっきから、おなかすかせてニャーニャー鳴いてるから。こっち、ちょっと手が離せないんだ。

男：うん、わかった。

女：あ、いけない。しょうゆなくなっちゃった。

男：コンビニで買ってこようか。

女：うーん、いつも使ってるのは、コンビニにはないんだよね。じゃ、後で買い物に行

Ⅳ 「課題理解」のスキルを学ぶ ― 19

くからいいわ。あ、そうそう、コンビニに行くならこの荷物、出してきてほしいんだけど。木村さんに本送る約束したの。

男：え？　コンビニから？

女：そう。宅配便でね。住所はこれ。

男：うん。じゃ、行ってきます。

(5) 答え 2

学校で先生が話しています。女の学生はまず何をしなければなりませんか。

先生：えーと、先週は自分の性格について説明する作文を書きましたね。今日はまずそれを直しましょう。その後、みんなの前で1人ずつ発表してもらいます。発表を聞く人は、今から配るこの紙に感想を書いてください。

学生：先生、わたし、先週休んでしまったんですが。

先生：じゃ、今から発表のメモを作ってください。自分の性格で紹介したいところ1つと、それがよくわかる例を書きましょう。アイディアだけでいいです。それを見ながら発表してください。

学生：わかりました。

確認問題

(1) 答え 2

会社で女の人と男の人が地震が起きたときのための準備について話しています。女の人はこの後何を注文しますか。

女：あの、地震が起きたときのために用意しておく物のことなんですけど。

男：あー、今週注文しなくちゃいけないんだったね。えーと、これが今ある物のリストだね。食料と水はそろそろ古いんじゃないかな。

女：じゃ、新しいのが要りますね。

男：うん。毛布や懐中電灯はどのぐらいある？　5点ずつか……。毛布はもっとあったほうがいいから、あと10枚頼んでよ。

女：ラジオは3台しかないんですが。

男：まあ、それだけあればいいと思うよ。

女：わかりました。

女の人はこの後何を注文しますか。

(2) **答え** 1

🔊A46 男の人と女の人が市民会館で絵本の勉強会の準備をしています。女の人はこれから何をしますか。

男：あしたの親子絵本教室、よろしくお願いしますね。先生に頼まれた本はもう準備してある？

女：はい、先生から言われた本は図書コーナーから借りて、そろえてあります。そのほかの本も何かこちらで用意しておいたほうがいいでしょうか。

男：いや、言われた本だけでいいんじゃないかな。先生も何冊か持ってきてくださるらしいし……。あ、そうだ、後でもう一度聞きたい人のためにビデオを撮っておいたらいいね。

女：でも、それ、先生にお聞きしてからでないと……ビデオの準備はすぐできるんですけど。

男：あ、そうだね。じゃ、先生がいらっしゃったら聞いてみて、OKだったらビデオを準備して。

女：あの、当日では失礼じゃないでしょうか。

男：それもそうだね。じゃ、悪いけど、先生に電話してみて。会場の準備は朝9時からで十分だね。

女の人はこれから何をしますか。

(3) **答え** 2

🔊A47 女の人が講師に説明しています。講師は部屋に来て最初に何をしなければなりませんか。

女：このたびはカルチャーセンターの講師をお引き受けくださいましてありがとうございます。半年間よろしくお願いいたします。こちらのお部屋が講師室でございます。8時半にかぎを開けて、エアコンを入れておきます。おいでになったら、まずこちらのノートにサインをお願いします。あちらにコーヒーと新聞のコーナーがありますので、ご自由にお使いください。あ、それから、お昼ご飯ですが、近くに食堂がありませんので、お弁当が必要な場合はあちらに書いてある電話番号に予約の電話をなさってください。12時にここに運んできてくれます。

講師は部屋に来て最初に何をしなければなりませんか。

Ⅳ 「課題理解」のスキルを学ぶ ── 21

V 「ポイント理解」のスキルを学ぶ

練習1

(1) **答え** 1× 2○ 3× 4×

女の人と男の人が歌のクラブの練習について話しています。女の人はどうして金曜日に来られませんか。

女：ねえ、来週の歌の練習なんだけど、金曜日、休んでもいいかな？
男：何かあるの？
女：うん。アルバイトのね……。
男：あ、アルバイトしてるんだ。
女：ううん、これから始めるの。その面接なんだ。
男：ふーん。ほかの日は来られる？
女：えーと、木曜日は先生と会う約束があるから、ちょっと遅れて行くかもしれないけど、あとは大丈夫。
男：でも水曜日は授業があって来られないって言ってなかった？
女：ああ、来週は授業が休みになったから、そっちは出られるよ。

(2) **答え** 1○ 2× 3× 4×

女の人がテレビで話しています。今年の大根はどうですか。

女：今年の冬はとても寒く、各地でよく雪が降りました。寒くて嫌だなと感じている方もいらっしゃるかもしれません。でも、実は大根のような野菜にとっては寒い冬の方がいいのです。見てください、こちらの大根。大根は寒さによって、このように大きくしっかりと育ち、甘みのある大根になるんですね。去年やおととしのように暖かいと、あまりよいものができません。根が太らないで葉っぱばかり育っていって、味がぼんやりします。

(3) **答え** 1× 2○ 3× 4×

留守番電話を聞いています。男の人は今日、どうして遅れると言っていますか。

男：あ、もしもし。西村です。今日の約束なんですけど、ちょっと遅れます。すみません。今、朝日駅なんですけど、気分が悪くなった人がいたらしくて、電車が止まっているんです。事故じゃないので、そのうち動くと思うんですけど……。せっかく

仕事を早く終わらせてもらったのに、お待たせしてしまってすみません。着いたらまた連絡します。

(4) 答え　1×　2×　3×　4○

男の留学生が先生とスピーチ大会について話しています。男の留学生はスピーチで何が最も難しかったと言っていますか。

男：先生、いろいろとご指導ありがとうございました。
女：いいえ、いいスピーチでしたよ。よく頑張りましたね。
男：はい、日本語でこんなに長い話をするのは初めてで、大変でしたが、いい勉強になりました。
女：テーマを決めるまでは大変そうでしたけど、原稿を書き始めたら楽しんで書いていたようですね。
男：はい、書くのは好きなんです。覚えるのはちょっと時間がかかりましたが、でも、発表の時、聞いている人たちの顔を見ながら話すのが一番難しかったです。とても緊張しました。
女：あら、そうですか。落ち着いているように見えましたけど。
男：そうですか。でも、終わってよかったです。

(5) 答え　1×　2×　3○　4×

女の人と男の人が話しています。男の人は出張で最も困ったことは何だと言っていますか。

女：出張、お疲れ様でした。いかがでしたか。
男：うん、仕事は心配してたような問題が起きなかったからよかったんだけど、まあ、外国だといろいろ大変なこともあるね。
女：言葉も通じないから大変ですよね。
男：そうだね。料理を注文するのにも時間がかかるからね。でも、それより僕は食事が合わなくてね。毎日あの辛い料理を食べなくちゃいけないのが一番困ったな。
女：そうですか。
男：そうそう、ホテルで一度シャワーのお湯が出なくて困ったんだけど、そしたら、とてもいい部屋に変えてくれてね。ま、いい経験になったよ。

V 「ポイント理解」のスキルを学ぶ

練習2-1

答え (1)2　(2)1　(3)1　(4)2　(5)1　(6)2　(7)1　(8)2　(9)2　(10)1

(1) 男：テニス、好きなの？
　　女：見るだけだけどね。（テニスをするのは好きではない）

(2) 男：あ、この映画、面白いよね。
　　女：出てる人もいいしね。（面白い）

(3) 男：これ、高いよ。ほんとに買うの？
　　女：給料もらったばかりだし、ずっとほしかったから。（買う）

(4) 男：夏休み、旅行、行くの？
　　女：お金があったら、行きたいんだけどね。（行かない）

(5) 男：毎朝、ジョギングしてるの？
　　女：ちょっと大変だけどね。（している）

(6) 男：これ、片付けましょうか。
　　女：あ、また後で使いますから。（片付けなくてもいい）

(7) 男：コーヒーでもいれましょうか。
　　女：おいしいお菓子もありますしね。（コーヒーを飲みたい）

(8) 男：あのレストラン、よく行ってるみたいだけど、おいしいの？
　　女：そういうわけじゃないんだけど、料理が出てくるのが早くて。
　　　　　　　　　　　　　　　　　　　（おいしいから行くのではない）

(9) 男：このソファー、いいよね。
　　女：うちがもっと広ければ、買いたいけど。（買わない）

(10) 男：昨日の飲み会、行ったの？
　　　女：先輩に誘われなかったら、行かなかったんだけど。（行った）

練習2-2

(1) **答え** 1×　2×　3○　4×

男の人と女の人が話しています。女の人は今、何を習っていますか。

男：鈴木さん、今日の夜、暇？
女：あ、ごめん。習い事があって。
男：そうか。そういえば、ずっとピアノやってたんだよね。
女：うん。でも、今はたまに自分で弾くぐらいかな。それより今は体を使うこと。

男：何？　ダンスとか？

女：ダンスか、いいねえ。いつかはやってみたいけど。今はね、水泳教室に通ってるんだ。実はダイビングをしたいんだけど、全然うまく泳げないから、先に習い始めたの。

(2) **答え** 1× 2× 3○ 4×

女の人と男の人が話しています。女の人がハワイに行った目的は何ですか。

女：先週ね、ハワイに行ってきたんだ。

男：へえ、いいね。泳ぎに行ってきたの？

女：海で泳ぐのはあんまり好きじゃなくて。だから、ハワイはそんなに興味なかったんだけど、今回は友達の結婚式があったからね。

男：へえ、観光はできたの？

女：したかったんだけどね、時間があんまりなかったから。

男：ふーん。ゆっくりできなくて残念だったね。

女：でも、景色はすごくきれいで楽しかったよ。帰るとき、たくさんショッピングもしたしね。はい、これ、お土産。

(3) **答え** 1× 2× 3× 4○

女の人が友達とビデオカメラについて話しています。女の人はビデオカメラをどうしますか。

女：ねえ、田中君、夏のキャンプの時、ビデオカメラ持ってきてたよね。

男：ビデオカメラ？　ああ。

女：今度、サークルの発表会があるから、ちょっと貸してもらえない？

男：いつ要るの？　あのビデオカメラ、今、加藤さんに貸してて。

女：え、そうなの？　えーと、再来週の土日なんだけど。わたしから加藤さんに聞いてみてもいいかな。

男：なんか、映画を作るって言ってたから、すぐには返してもらえないんじゃないかな。僕もどうせ使わないから、返すのいつでもいいよって言ってあるからな……。

女：うわあ、そうか。困ったな。鈴木さんにも使う予定があるって言われたし……。

男：あ、そうだ。弟のがあるよ。弟に、前に持ってた古いの、やったんだ。普段使ってないみたいだから、来週持ってくるよ。

女：ほんと？　助かる！　じゃ、お願いね。

(4) **答え** 1× 2× 3× 4○

🎧B07 男の人と女の人が駅で話しています。男の人はどうして特急ではなく、各駅停車の電車に乗りたいのですか。

女：あ、あと10分で特急電車が来るよ。
男：えー、各駅停車にしようよ。急ぐ必要ないし。
女：各駅停車で行ったら2時間半もかかるでしょう？　値段もそんなに違わないし。
男：ゆっくりできるのがいいんじゃない。
女：まあ、すいててゆっくりできるけど……2時間半もねえ。
男：こういう機会でもなければ、なかなかゆっくり楽しめないでしょう？
女：楽しむ？　ゲームでもするの？
男：君と2時間半も一緒に座っていられるなんてめったにないことだからね。

(5) **答え** 1× 2× 3× 4○

🎧B08 女の人と男の人が話しています。男の人はどうしてダイエットをすることにしましたか。

女：あれ、本田さん、ちょっとやせましたか。
男：あ、わかりますか。ダイエットしてるんですよ。
女：へえ。健康診断でお医者さんに何か言われたんですか。
男：そろそろ言われそうだなとは思ってるんですけどね。
女：じゃ、奥さんに言われたんですか。
男：結婚したばかりだったら、いろいろ言われたかもしれませんけど……。
女：そうですか。まあ、太ると体が重くなって、大変ですからね。わたしも階段を上ったり下りたりするとき、ちょっと気になって。
男：まあ、自分ではあまり気にならないんですけど、太ると服が着られなくなるんでね。太るたびに新しい服買うより、別のことにお金を使いたいなと思って。

練習3

(1) **答え** 1× 2× 3○ 4×

🎧B10 夫と妻が子供の名前について話しています。妻が考えている赤ちゃんの名前は何ですか。

男：女の子の名前、何がいいの、思いついた？
女：わたし花が好きだから、花の名前がいいな。
男：へえ。じゃ、桜とかばらとか？

女：4月だったら桜もいいけど、生まれるの5月でしょう？
男：あ、そうか。5月ならばらだよね。でも、「ばら」なんて名前聞いたことないしな。アメリカ人の友達でローズっていう子はいたけど。
女：ローズかあ。猫の名前ならいいけどね。それより5月は庭のゆりの花がきれいなのよ。ひらがなで二文字、いいと思わない？
男：英語ではリリーだね。リリーはどう？
女：それもかわいいわね。だけど、やっぱり日本語の方がいいんじゃない？
男：うん、そうだね。

(2) **答え** 1× 2× 3× 4○
女の人と男の人が話しています。女の人は何が一番よかったと言っていますか。
女：昨日、友達の結婚式に行ってきたの。
男：へえ、そうなんだ。たくさんおいしい料理、食べたんでしょう？
女：そうでもないの。わたし、あいさつすることになってたから、緊張しちゃってね。相手の人も素敵な人だったし、いい結婚式だったな。ね、歌手のKENって知ってる？
男：え？　知ってるよ。
女：その人が来ていて歌を歌ったんだけど、それがとってもよかったの。ほんとに上手だったよ。なかなか生で聞けないからね。
男：へえ、それはよかったね。
女：でも、やっぱり友達の幸せそうな姿を見られたのが、最高だったな。

(3) **答え** 1× 2○ 3× 4×
男の人と女の人が話しています。男の人はどうしてその店に行きたいのですか。
男：さてと、ここからちょっと歩くけど、本屋に行こう。
女：え？　本屋？　それより先にランチにしようよ。おなかすいたよ。
男：そう。ランチに行くんだよ、本屋にね。
女：え？　ちょっと待って。本屋にランチって……どこで食べるの？
男：中に喫茶店があるんだよ。実は割引券があってさ。50％オフ、半額だよ。本を読みながらゆっくりコーヒーが飲める店なんだ。おいしいサンドイッチもあるよ。
女：へえ。そういう店があるんだ。雰囲気よさそうだね。

Ⅴ 「ポイント理解」のスキルを学ぶ ── 27

男：雰囲気はいいんだけどさ、けっこう高いから、普段は行きたくてもなかなか行けないんだ。ちょうど買いたい雑誌もあるしね。

(4) 答え 1× 2× 3× 4○
うちで夫と妻が話しています。妻はどうして楽しくなさそうなのですか。
男：おかえり。あれ？ どうかしたの？ ロンの散歩で疲れた？
女：ちょっとはね。いつもより長いコース歩いたし。
男：じゃ、ロンがほかの犬とけんかしたの？
女：ううん、おとなしくついてきたよ。前はよくほかの犬とけんかしそうになったりしたけどね。公園で会った男の子にも、かわいい犬だねってほめられたのよ。
男：じゃ、怒ることないじゃないか。
女：それがね、その子がロンに、「いい子にするんだよ。おばあさんを困らせたらだめだよ」って。おばあさんってだれのことよ！
男：まあまあ、小さい子どもから見れば、そんなもんだよ。

(5) 答え 1× 2× 3○ 4×
うちで子供とお母さんが話しています。子供はどうして弁当を持っていきたくないのですか。
男：お母さん、これからお弁当要らないよ。
女：要らないって、じゃどうするの。
男：学校の近くにコンビニあるからさ、そこで買うよ。そうしてる友達、多いよ。コンビニのってけっこうおいしいし……。
女：どうしたの？ お母さんが作るのおいしくない？ お金もかかるでしょう。
男：たしかにお金はかかるけど、それより行きも帰りも大きい荷物持って歩かなくて済むから……。
女：大きい荷物って、お弁当箱のこと？ そういえば、今のは大きすぎてかばんに入らないわね。小学生の時使ってたお弁当箱、まだあるわよ。
男：やだよ。そんなの恥ずかしいよ。

✳ 確認問題

(1) 答え 2

🔊B16 男の人と女の人がアルバイトの雑誌を見ながら話しています。女の人はどこでアルバイトをしますか。

男：あ、見てこれ。引っ越しの手伝い。けっこう給料もいいし、僕、やってみようかな。
女：でも、大変そう。わたしは体使うの、苦手だな。1日で疲れちゃいそうだから。
男：じゃ、この子供水泳教室もだめだね。
女：あ、わたし、水泳は得意なんだ。子供と一緒って楽しそう。
男：へえ。子供が好きなら、こっちの子供の英語教室もいいんじゃない？
女：うーん、国語なら教えられるかもしれないけど、英語はちょっとね。あ、こっちはホテルの仕事だって。かっこよさそう。
男：でも、シーツ替えたり、お風呂を掃除したりって書いてあるよ。こういうのも力仕事なんじゃない？
女：あー、それもそうだね。やっぱり、自分の得意なことにしよう。

女の人はどこでアルバイトをしますか。

(2) 答え 4

🔊B17 ボランティアグループで女の人が自己紹介をしています。この女の人がボランティアを始めた一番の目的は何ですか。

女：初めまして。高橋と申します。このボランティアグループに入ったのは、もちろん市のあちこちの公園をきれいにしようという気持ちもあるんですが、わたし、この市に引っ越してきて6年ぐらいになるんですけど、市のこと、何も知らないんです。ずっと仕事が忙しかったので……。仕事を辞めて少し暇ができたんで、今度留学生のホームステイの受け入れを市に申し込んだんですが、外国の若い方にこの市を気に入ってもらいたいと思っても、自分が何も知らないんじゃ仕方がありませんよね。お寺とか公園とか、面白そうな所をボランティアしながら見つけていきたいと思っています。

この女の人がボランティアを始めた一番の目的は何ですか。

(3) 答え 4

🔊B18 会社で女の人と男の人が話しています。男の人は今度の出張でどうして日帰りしますか。

女：村田さん、今度の出張、日帰りなんですね。あそこはけっこう時間かかるんじゃないですか。
男：うん、新幹線で3時間、またそこから乗り換えていかないと。
女：前回は泊まりましたよね。
男：この距離なら、泊まりたければ会社からお金が出るんだけど。
女：次の日こっちで仕事ですか。
男：いや、次の日は土曜日だから。会社には来ないよ。
女：あ、じゃ、お宅のほうで？
男：そうなんだ。朝から家族で出かけることになっててね。忙しいけど仕方がないよ。
男の人は今度の出張でどうして日帰りしますか。

VI 「概要理解」のスキルを学ぶ

練習1

(1) **答え** ①2 ②2 ③3

テレビで男の人が話しています。

男：今日はちょっと珍しいお祭りをご紹介します。日本にはいろいろなお祭りがありますね。寒い時に水の中に入ったり、大きな火を囲んでお祈りをしたりするなど、自然に関係があるものも多いです。どのお祭りもだいたい1日から長いもので1週間近く続くのですが、今日ご紹介するこのお祭りは、たった1分で終わってしまいます。合図に合わせて、参加者が礼をするだけで終わるのですが、こんなに短いお祭りは日本にはほかにないそうです。

男の人は何について話していますか。
1 日本のいろいろなお祭り
2 日本の冬のお祭り
3 日本で最も短いお祭り

(2) **答え** ①1 ②1 ③2

うちで男の人と女の人が話しています。
男：最近、毎日りんご食べてるね。皮もむかないで、そのまま。

女：うん、りんごだけ食べ続けると、やせられるらしいんだ。皮もむかないほうが効果があるんだって。

男：ふーん。でも、それで実際にやせた人は、運動したり、食事に気をつけたり、ほかのこともしてたんじゃないの？

女：そうかなあ。簡単にやせられると思ったんだけど。

男：りんごばかりじゃ、かえって体に悪いよ。僕みたいに規則正しい生活してれば、すぐにやせるよ。

女：うーん、でもわたし、残すのがもったいなくてつい食べ過ぎちゃうし、運動も苦手だからなー。

男：よし。じゃ、今日から一緒に運動しようよ。一緒にやれば楽しいし、りんごだけ食べるよりはいいよ。

男の人が伝えたいことは何ですか。
1 りんごは皮をむいて食べたほうがいい
2 りんごだけ食べるのはよくない
3 みんなで運動するのは楽しい

(3) 答え ①1 ②1 ③2

テレビで女の人が牧場に行ってレポートしています。

女：今、わたしはちょっと面白い牧場に来ています。ご覧ください。たくさんの牛がいます。よく見ると、白黒の牛、茶色の牛、そして、黒い牛もいますね。この牧場には3種類の牛がいて、おいしい牛乳がたくさんとれます。牛の種類によって牛乳の味が違うんですよ。ここでは、アイスクリームやチーズの味も食べ比べることができるんです。茶色の牛のアイスクリームが一番人気があるそうです。

女の人は何についてレポートしていますか。
1 牛の種類
2 牛乳の味が比べられる牧場
3 牛乳から作られる食品

Ⅵ 「概要理解」のスキルを学ぶ — 31

(4) **答え** ①2　②1　③3

🎧B27　うちでお姉さんと弟が話しています。

女：ねえ、それ、今日着ていくシャツとネクタイ？

男：そうだよ。

女：うーん、何て言うか、とっても新しい感じだね。わたしの感覚が古いのかしら。そういうの、最近はやってるの？

男：それはよくわからないけど、好きな物を好きなように着るのがいいんだよ。

女：ジーンズとかTシャツの時はそうかもしれないけど、シャツとネクタイだよ。そういうの、歌手とか俳優さんでも、なかなか着られないよね。普通の人はもう少し落ち着いた組み合わせの方がいいような気がするけど……。

🎧B28　お姉さんが伝えたいことは何ですか。

1　ジーンズとTシャツを着たほうがいい
2　自分のファッション感覚は古い
3　組み合わせを替えたほうがいい

練習2

(1) **答え** ①ホームステイ　②「この学校の学生でなくても申し込めますか」　③2

🎧B31　女の留学生が日本語学校の事務室に来て話しています。

女：あの、すみません。ちょっとお聞きしたいことがあるんですが。

男：はい、何でしょうか。

女：えーと、あそこにはってあるポスターの「夏休み外国人1日ホームステイ」のことなんですが。わたしあれに申し込みたいと思っているんですけど、あれはこの学校で募集しているものなんですか。

男：あ、あれはこの学校ではなくて、市でやっているものですよ。

女：ということは、この学校の学生でなくても申し込めますか。実は、夏休みに妹が国から来ることになっていて、できたら一緒にと思って。

男：ああ、それでも大丈夫なはずです。こちらのパンフレット、どうぞ。詳しいことが書いてあるので読んでみてください。

女：はい、わかりました。妹と相談してから申し込みます。ありがとうございました。

- B32 女の人は何をしに来ましたか。
    1 ホームステイにどうやって申し込むか聞きに来た
    2 ホームステイにだれが参加できるか聞きに来た
    3 ホームステイのパンフレットをもらいに来た

(2) 答え ①試験 ②「受けられなくなってしまって」 ③1
- B33 男の留学生が先生のところへ来て話しています。
    男：先生、ちょっとよろしいですか。ご相談があるんですが。
    女：ええ、何ですか。
    男：あの、来月の試験のことなんですけど、ちょっと受けられなくなってしまって……。
    女：何か大切な用事ですか。
    男：ええ。卒業したら日本で就職したいと思って、今就職先を探しているんですが、会社の面接の日が試験の日と重なってしまったんです。それでどうしたらいいかと思って……。
    女：それじゃ、仕方がないですね。2週間後に再試験の日がありますから、その時に受けてください。面接の練習は？
    男：はい。何度かしています。
    女：そう。じゃ、頑張ってね。
    男：すみません。よろしくお願いいたします。

- B34 男の留学生は先生のところへ何をしに来ましたか。
    1 試験の日を相談しに来た
    2 面接の練習を頼みに来た
    3 会社を紹介してもらいに来た

(3) 答え ①今の仕事 ②「今とは違う形で働けないかと思っている」「夜遅くまで働くのがちょっと……」 ③3
- B35 会社で女の人が部長のところへ来て話しています。
    女：あの、部長、お話があるんですが、今よろしいですか。
    男：ああ、いいよ。何？

Ⅵ 「概要理解」のスキルを学ぶ ― 33

女：今の仕事のことなんですけど、毎日本当に忙しくて、休みも少ないので、今の働き方では長くは続けていけないんじゃないかと思い始めてまして……。

男：え？　辞めるっていうこと？　どこかほかにいい会社、見つかったの？

女：いえ、それも考えたんですが、この仕事はとても好きなので、できれば今とは違う形で働けないかと思っているんです。

男：そうか。今は1週間に3日だけ働くという人もいるからね。でもその分、給料も少なくなってしまうけど。

女：はあ。毎日でもいいんですけど、夜遅くまで働くのがちょっと……。

男：わかった。ちょっと考えてみるよ。

女の人は部長に何を話しに来ましたか。

1　仕事の内容がつまらないこと
2　今の会社を辞めたいこと
3　働く時間が長すぎること

練習3

(1)　**答え** ①b　②3

料理教室の先生が話しています。

男：皆さん、料理について学ぶというと、いろいろな料理の作り方を習うことだと思っていらっしゃるかもしれません。でも、この教室はちょっと違います。食事というのは、体を作る元になるものです。ですから、料理に使う、野菜、魚、肉などについて、作る人はもっと知らなければならないんじゃないでしょうか。自分たちの体に入る物がどこから来て、どんな栄養があるのかをきちんと知って、安心して家族のために料理を作れるようになる。わたしはそんな教室にしたいと思っています。

先生は何を教えたいと言っていますか。

1　おいしい料理の作り方
2　家族のための料理の作り方
3　料理の材料についての知識

(2) **答え** ①b ②3

男の人と女の人がパンフレットを見ながら旅行について話しています。

男：あ、このツアー、面白そうだよ。湖を3つ回って、午後は美術館とワイン工場に行くツアー。一番人気があるんだって。

女：たしかにいろいろ見られて、楽しそうだね。でも、1日にそんなにたくさん回るのは、忙しすぎない？

男：そうかなあ。じゃ、こっちは？　大きい湖に行って、山を見ながら船で湖を一周するんだって。それから、湖で泳げるみたいだし、魚釣りもできて、釣った魚を食べられるって書いてあるよ。

女：うーん、あちこち見たり、いろいろやったりするだけが旅行じゃないと思うけど。

男：だけど、同じ所に何度も行けないから、一度にたくさん楽しめたほうがいいじゃない。

女：そうだねえ。そう考える人が多いけど、せっかく景色がきれいな場所に行くんだから、景色を楽しみながらのんびりと過ごすっていうのも、いいんじゃないかな。

女の人はどんな旅行がいいと言っていますか。

1　いろいろな所を見て回る
2　1か所でいろいろなことをする
3　1か所でゆっくり過ごす

(3) **答え** ①b ②3

ラジオで男の人が話しています。

男：わたしたちはよく「みんな持っているから」とか「みんなもそう言っている」なんていう言い方をしますね。しかし、実際には「みんな」というのは自分の周りの2、3人だったということがよくあります。わたしたちは「みんな」という言葉を簡単に使い過ぎていると思います。言葉はもう少し正しく使うようにしたほうがいいのではないでしょうか。

男の人が言いたいことは何ですか。

1　「みんな」という言葉は便利だ
2　「みんな」という言葉は使ってはいけない
3　言葉は意味に注意して使ったほうがいい

確認問題

(1) 答え 2

うちで男の人と女の人が話しています。
男：あした出かけるの、何時頃にしようか。
女：そうねえ。去年は8時頃に出たよね。
男：うん、でも連休の最後の日だから道が込むと思うんだ。特にあそこはこの間テレビで紹介されたから、きっとすごい人じゃないかな。少しでもすいているうちに着いたほうが時間の無駄がないと思うんだけど。
女：たしかにそうね。
男：帰りが遅くなると、バスも大変だよ。みんなだいたい同じ時間に帰るから、ふだんの倍ぐらいの時間がかかるんじゃないかな。
女：去年もそうだったね。
男：あさってからは仕事だし、あしたはなるべく疲れないようにしたいんだ。

男の人が伝えたいことは何ですか。
1　連休中は行くのをやめたほうがいい
2　早く行って早く帰ってきたほうがいい
3　去年と同じ時間に出るのがいい
4　バスで行かないほうがいい

(2) 答え 3

テレビで女の人が話しています。
女：きれいになりたいという気持ちを持つのは自然なことだと思いますが、高い化粧品を使えば、それだけでいいと思っていらっしゃいませんか。新しい化粧品をいくつも買う方もいらっしゃるのではないかと思います。しかし、大切なのは、きちんと汚れを落とすことなんです。顔に汚れがたくさん残っていると、いい化粧品を使っても効果は薄いのです。新しい化粧品を買ってみる前に、まずは正しい顔の洗い方を覚えてください。

女の人は何と言っていますか。
1　化粧品の選び方を覚えたほうがいい
2　高い化粧品を使ったほうがいい
3　顔をしっかり洗ったほうがいい

4　新しい化粧品を使ったほうがいい

模擬試験

問題1

1番　答え 4

うちで子供とお母さんが話しています。お母さんは何を買いますか。

男：お母さん、今日は僕が夕食作るよ。卵はあるんだよね。きゅうりとじゃがいもは？
女：きゅうりはある。トマトも。じゃがいもは……1つしかないわね。
男：ポテトサラダを作りたいから、じゃがいもはもっと要るな。
女：わかった。買ってくるね。
男：調味料は大丈夫かな。塩、こしょう、酢、油と……あれ？　油は？
女：えーと、そこの戸だなに新しいのが……。
男：それと、忘れてた。ハムもよろしく。あれがなかったらおいしくないんだ。じゃ、頼むね。

お母さんは何を買いますか。

2番　答え 2

美容院で客の女の人と美容師が話しています。美容師は髪をどう切りますか。

男：今日はどんなふうになさいますか。
女：長いのも飽きてきたんで、今日は思い切って短くしようと思って……。
男：短くってどのくらいですか。肩の辺りまで？
女：うーん、切るなら耳が見えるぐらいかな。
男：それもお似合いかもしれませんが、切ってしまってから、切り過ぎちゃった、なんて思いませんか。
女：そうねえ、それじゃ、やっぱり後ろでまとめられるぐらいにしようかな。
男：あごの線ぐらいですね。前髪はどうしましょう？
女：眉毛の上でまっすぐにそろえて切ってください。あ、そうすると、やっぱりさっき言ったみたいに、もっと短いほうがいいかな。
男：じゃ、そうしますね。

美容師は髪をどう切りますか。

3番　答え 4

お年寄りの人たちの世話をしている所で、男の人と女の人が話しています。男の人はこれからまず何をしますか。

女：あ、小林さん、3号室の秋山さんをお願い。車いすに乗りたいって。
男：わかりました。着替えはもうできているんですか。
女：ええ、さっき。秋山さん、今日は散歩に行きたいそうよ。午後お願いね。
男：はい、近くの公園にお連れします。
女：外は寒いかもしれないから、ひざにかける毛布、持っていってね。あ、忘れてた。ちょっと手伝ってよ。これは力が強い人じゃないとできないわ。2号室のベッドを動かすの。
男：はい、じゃ、秋山さんにはちょっと待っていただいて……。

男の人はこれからまず何をしますか。

4番　答え 1

デパートの店内放送を聞いています。バイオリンコンサートを聞きたい人はこの後何をしますか。

女：本日は竹屋デパートにお越しいただき、ありがとうございます。本日のイベントのお知らせです。15時から8階イベント会場にて松井さくらのバイオリンコンサートを行います。会場にお入りになるには整理券が必要です。整理券は、11時から1階案内所でお配りします。80名様までとさせていただきますので、お早めにどうぞ。皆様のおいでをお待ちしております。

バイオリンコンサートを聞きたい人はこの後何をしますか。

5番　答え 2

市民スピーチコンテストの会場で女の人が男の人と話しています。女の人はこれからまず何をしなければなりませんか。

女：あの、ボランティアの木村です。
男：あ、木村さん、ご苦労様です。今日お願いしたいのは、受付のお手伝いです。お客様がいらっしゃったら、係の者がプログラムをお渡ししますから、その後お席にご案内してください。
女：わかりました。会場の準備はもういいんですか。

男：ええ、それはもう……。あの、それから、スピーチが全部終わったら、お客様からアンケートの紙を集めてもらえませんか。

女：アンケート用紙は、いつ配るんですか。

男：最初からプログラムにはさんであります。お客様がお帰りの時、出口のところで受け取ってもらえればいいんです。

女：わかりました。

女の人はこれからまず何をしなければなりませんか。

6番　答え 4

会社で女の人と男の人が話しています。男の人はこれからまず何をしますか。

女：今、注文があった商品を箱に入れてるところなんだけど、手伝ってくれる？

男：箱に入れるんですか。

女：それはもうすぐ終わるから、できたのから配達用の宛名シールをはっていって。でも、その前に、一応中身が合ってるかどうか確認してもらえる？　間違いがあると大変だから。それぞれの箱に入ってる注文リストと宛名見て。

男：はい、わかりました。

女：あ、サンプル忘れてた。一緒に入れなくちゃね。

男：全部の箱に1つずつ入れればいいですか。

女：うん、じゃ、それは中身を確認する前にお願い。

男の人はこれからまず何をしますか。

問題2

1番　答え 1

電気屋で男の人が女の人と話しています。男の人はこのビデオカメラのどこが一番いいと言っていますか。

男：ね、いいビデオカメラが新しく出たんだ。ほら、これ。買わない？

女：え？　ビデオならうちにあるじゃない。

男：大きいし重いよ。持って歩くの嫌になっちゃって、結局うちに置いたままだろう？

女：そうだね。あんまり使ってないね。

男：どんなにいいビデオでも、使わないと意味がないだろう。ほら、これならこんなに小さくて軽いんだよ。かばんにも入るから、いつでも持ち歩けるよ。色も今のより

きれいだし。

女：へえ、ほんとだ。これ、長い時間撮れるのかな。

男：今のとそれほど変わらないみたいだよ。あと、使うかどうかわからないけど、水の中でも撮れるんだって。

男の人はこのビデオカメラのどこが一番いいと言っていますか。

2番　答え　3

大学で女の人と男の人が話しています。女の人は何を忘れましたか。

女：あー、しまった。

男：どうしたの？　忘れ物？

女：うん。うち出てくるとき、慌ててて。

男：何？　お金だったら、少しなら貸せるよ。

女：ううん。財布は持ってきたんだけど。携帯電……。

男：あれ？　電話なら、さっき使ってたよね。

女：そうなんだけど、その料金を払うの、今日までなんだ。払い込みの用紙、かばんに入れるつもりで、机の上に出しておいたんだけど。

男：あ、そうだ。僕も電気料金、今日までだった。急いで払わなくちゃ。

女の人は何を忘れましたか。

3番　答え　3

男の人がお菓子工場を見学した後、あいさつをしています。この男の人がお菓子工場に来た目的は何ですか。

男：今日はありがとうございました。玄関にある絵を見せていただければと思って、社長さんにお願いをしたのですが、せっかくだからと工場の中まで見学させてくださいました。作っているところを実際に見ると、自分でもお菓子を作ってみたいと思いました。お菓子もとてもおいしかったです。ごちそうさまでした。えー、見たかった絵というのは、わたしの絵の先生がかいたものなんですが、こちらに飾ってあると聞いて、日本にいる間に絶対に見に行かなければと思っていました。わたしもいつか先生のようにすばらしい絵がかけるようになれたらいいなと思います。その時はぜひ、プレゼントさせてください。

この男の人がお菓子工場に来た目的は何ですか。

4番　答え 3

(B59) 会社で女の人と男の人が話しています。男の人が今の仕事を辞めた後、最初にすることは何ですか。

女：林君、この会社、辞めるんだって？　前に自分で会社作りたいって言ってたよね。

男：まあ、将来はそれも考えているんですけど、そのためにはもっといろいろ勉強しないと。

女：じゃ、大学院に行くの？

男：ええ、この間決まって。

女：へえ、おめでとう。東京の大学院？

男：いえ、実はイギリスなんです。学生時代にも少し留学してたので、進学するならぜひそこにと思ってたんです。

女：そうか。じゃ、帰国したら会社作るの？

男：いえ、父の会社を手伝いながら、準備をしたいと思っています。

男の人が今の仕事を辞めた後、最初にすることは何ですか。

5番　答え 4

(B60) 料理の先生が話しています。おいしいスープを作るために最も大切なことは何ですか。

男：スープがおいしい季節ですね。スープを作るとき、実は少しの工夫でもっとおいしいスープができるんです。まず、スープを作るときは大きめのなべを使ったほうがいいです。たっぷり水を入れて、野菜や肉、骨などを煮ます。長い時間をかけられればもっといいですね。さて、ここからなんですが、煮ているうちに泡のような物がたくさん浮いてきます。実はこれがスープの味を落としてしまうんです。ですから、表面に浮いてくるこの泡を丁寧に取りましょう。こうするとスープの味がぐっとよくなるので、ぜひ試してみてください。

おいしいスープを作るために最も大切なことは何ですか。

6番　答え 2

(B61) 女の人と男の人が話しています。男の人がこのアルバイトを続ける理由は何ですか。

女：本田君、アルバイト、始めたんだって？

男：うん。先週から。留学生の寮の仕事なんだけど。

女：へえ。どう？

男：実は、始める前はもっと暇かと思ってたんだけどね。でも、面白いよ、いろんな国の人と話せて。
女：そう。本田君は英語学科だから、英語を使うチャンスができていいね。
男：それが、そうでもないんだ。寮ではみんなだいたい日本語を使うから。
女：ふーん、そうか。でも、続けるんでしょう？
男：うん、世界のいろいろなことを教えてもらおうと思ってるんだ。

男の人がこのアルバイトを続ける理由は何ですか。

問題3

1番　答え 3

講演会で女の人が話しています。

女：今日はいい先生について考えてみましょう。よく、親切だからいい先生だとか、いろんなことを知っているからいい先生だと言う人がいます。もちろん親切ではない人や何も知らない人は先生としてはよくないと思いますが、親切なだけなら、お母さんでも近所の人でもいいのです。また、いろんなことをよく知っていても、それを子供たちや学生たちがわかるように教えられなければ意味がありません。やはり先生というのは、それができるプロのことを言うのではないでしょうか。

女の人はいい先生というのはどんな人だと言っていますか。

1　親切に教えられる人
2　知識がたくさんある人
3　教え方が上手な人
4　子供の心がわかる人

2番　答え 4

会社で男の人が話しています。

男：新入社員の皆さん、一緒に仕事をしてみて、わたしは皆さんがちょっとおとなし過ぎると感じました。うるさいよりいいじゃないかと思いますか。もちろん、上の人の言うことを聞いて、言われたことをちゃんとやることも大切です。しかし、会社ではそれだけでは仕事をしていることになりません。いつも言われるのを待っているばかりでは、本当に仕事をしているとは言えないのです。もっと積極的に意見を言ったり考えたりして、皆さんから動いてください。

男の人が新入社員に伝えたいことは何ですか。
1　静かに仕事をしたほうがいい
2　先輩の話をしっかり聞いたほうがいい
3　言われたことをすぐしたほうがいい
4　自分から行動したほうがいい

3番　答え　2

会社で男の人が女の人のところに来て話しています。
男：山口さん、ちょっと頼みたいことがあるんだけど、君、犬が好きだって言ってたよね。
女：はい、大好きです。子供の時、うちには3匹もいたんです。
男：じゃ、犬の世話なんか慣れているよね。僕も犬飼ってるんだけど、実は1か月……。
女：え？　1か月の子犬ですか。じゃ、かわいいでしょう。
男：いや、1歳なんだけど、来週からちょっと家を留守にしなくちゃならなくなってね。
女：あ、1か月海外出張に行かれるんでしたね。
男：そうなんだよ。1か月もペットホテルじゃかわいそうだし、君のうち、家族みんな犬が好きだって言ってたから……。えさや犬のベッドなんかは、僕がちゃんと持っていくから、ご家族にちょっと聞いてもらえないかな。

男の人は女の人に何を頼んでいますか。
1　犬をもらってほしい
2　犬を預かってほしい
3　犬の世話に来てほしい
4　犬をペットホテルに連れていってほしい

問題4

1番　答え　3

友達のノートを写したいです。何と言いますか。
女：1　ノート、写してくれない？
　　2　ノート、写させてもいい？
　　3　ノート、写させてもらえる？

2番　答え 2

学校で友達が机の上に辞書を置いたまま帰ろうとしています。何と言いますか。

男：1　辞書、持とうか。
　　2　辞書、忘れてるよ。
　　3　辞書、持ってない？

3番　答え 3

店で服を試したいので店員に聞きます。何と言いますか。

女：1　ちょっと着させてみましょうか。
　　2　ちょっと着せてもらいませんか。
　　3　ちょっと着てみてもいいですか。

4番　答え 1

電車の中で立っている人に席を譲ります。何と言いますか。

男：1　ここ、おかけになりませんか。
　　2　ここ、おかけしましょうか。
　　3　ここ、おかけしたらどうですか。

問題5

1番　答え 1

女：いつもお世話になってるから、今日はごちそうさせてよ。
男：1　え、いいの？　ありがとう。
　　2　今日はあんまりお金がないんだけど。
　　3　いいよ。遠慮しないで食べて。

2番　答え 2

男：ここの字、もう少し大きくしたらどう？
女：1　じゃ、大きくしないの？
　　2　そう？　読みにくいかな。
　　3　うん、小さくしてないよ。

3番　答え 3

女：これ、佐藤さんに返しといてもらえる？
男：1　うん、あした借りてくるよ。
　　2　うん、佐藤さんにもらうんだね。
　　3　うん、来週会ったときでいい？

4番　答え 2

男：あの、こちら拝見してもよろしいでしょうか。
女：1　どうぞ召し上がってください。
　　2　ご自由にご覧ください。
　　3　ええ、おいでください。

5番　答え 1

女：さっき頼んだ書類、できてる？
男：1　もう少し待ってもらえますか。
　　2　え？　もうできたんですか。
　　3　もうできないんじゃないかな。

6番　答え 3

男：何か切る物、持ってきましょうか。
女：1　はい、持ってきました。
　　2　はさみでいいですか。
　　3　ええ、お願いします。

7番　答え 2

男：田中先生をご存じですか。
女：1　はい、拝見します。
　　2　先日、お目にかかりました。
　　3　いえ、おりませんが。

8番　答え　1

男：もうちょっと言い方に気をつけないと。
女：1　はい、申し訳ありません。
　　2　本当にお世話になりました。
　　3　どうぞ、お気をつけて。

9番　答え　2

女：昨日の会、楽しかったよ。リーさんも来ればよかったのに……。
男：1　行かなくてもいいよね。
　　2　行きたかったんだけど……。
　　3　わたしも行けてよかったな。